U0932720

《资治通鉴》精编

第三册

［宋］司马光　著　谢　普◎主编

玄武之变（卷一百九十一◎唐纪七）

【原文】

高祖神尧大圣光孝皇帝下之下武德九年

建成夜召世民，饮酒而鸩之，世民暴心痛，吐血数升，淮安王神通扶之还西宫。上幸西宫，问世民疾，敕建成曰："秦王素不能饮，自今无得复夜饮。"因谓世民曰："首建大谋，削平海内，皆汝之功。吾欲立汝为嗣，汝固辞；且建成年长，为嗣日久，吾不忍夺也。观汝兄弟似不相容，同处京邑，必有纷竞，当遣汝还行台，居洛阳，自陕以东皆主之。仍命汝建天子旌旗，如汉梁孝王故事。"世民涕泣，辞以不欲远离膝下，上曰："天下一家，东、西两都，道路甚迩，吾思汝即往，毋烦悲也。"将行，建成、元吉相与谋曰："秦王若至洛阳，有土地甲兵，不可复制；不如留之长安，则一匹夫耳，取之易矣。"乃密令数人上封事，言"秦王左右闻往洛阳，无不喜跃，观其志趣，恐不复来。”又遣近幸之臣以利害说上，上意遂移，事复中止。

【译文】

唐高祖武德九年（丙戌，公元626年）

李建成在夜间叫来李世民，与他饮酒，用经过鸩羽浸泡的毒酒毒害他。李世民突然心脏痛楚，吐了几升血，淮安王李神通搀扶着他返回西宫。高祖来到西宫，询问李世民的病情，命令李建成说：“秦王平素不擅长饮酒，从今以后，你不能够再与他夜间饮酒。”高祖因而对李世民说：“第一个提出反隋的谋略，消灭平定国内的敌人，这都是你的功劳。我打算将你立为继承人，你却坚决推辞掉了。而且，建成年纪最大，作为继承人，为时已久，我也不忍心削去他的权力啊。我看你们兄弟似乎难以相容，你们一起住在京城里面，肯定要发生纷争，我应当派你返回行台，让你留居洛阳，陕州以东的广大地区都由你主持。我还要让你设置天子的旌旗，一如汉梁孝王的先例。”李世民哭泣着，以不愿意远离高祖膝下为理由，表示推辞。高祖说：“天下都是一家。东都和西都两地，路程很近，只要我想念你，便可动身前去，你不用烦恼悲伤。”李世民准备出发的时候，李建成和李元吉一起商议说：“如果秦王到了洛阳，拥有土地与军队，便再也不能够控制了。不如将他留在长安，这样他就只是一个

独夫而已，收拾他也就容易了。”于是，他们暗中让好几个人以密封的奏章上奏皇帝，声称：“秦王身边的人们得知秦王前往洛阳的消息以后，无不欢喜雀跃。察看李世民的意向，恐怕他不会再回来了。”他们还指使高祖宠信的官员以秦王去留的得失利弊来劝说高祖，高祖便改变了主意，秦王前往洛阳的事情又半途搁置了。

【原文】

建成、元吉与后宫日夜谮诉世民于上，上信之，将罪世民。陈叔达谏曰：“秦王有大功于天下，不可黜也。且性刚烈，若加挫抑，恐不胜忧愤，或有不测之疾，陛下悔之何及！”上乃止。元吉密请杀秦王，上曰：“彼有定天下之功，罪状未著，何以为辞？”元吉曰：“秦王初平东都，顾望不还，散钱帛以树私恩，又违敕命，非反而何！但应速杀，何患无辞！”上不应。

秦府僚属皆忧惧不知所出。行台考功郎中房玄龄谓比部郎中长孙无忌曰：“今嫌隙已成，一旦祸机窃发，岂惟府朝涂地，乃实社稷之忧，莫若劝王行周公之事以安家国。存亡之机，间不容发，正在今日！”无忌曰：“吾怀此久矣，不敢发口。今吾子所言，正合吾心，谨当白之。”乃入言世民。世民召玄龄谋之，玄龄曰：“大王功盖天地，当承大业！今日忧危，乃天赞也，愿大王勿疑。”乃与府属杜如晦共劝世民诛建成、元吉。

【译文】

李建成、李元吉与后宫嫔妃日夜对高祖说李世民的坏话，高祖相信了，打算惩治李世民。陈叔达进谏说：“秦王为国家立下了巨大的功劳，是不能够废黜的。况且，他性情刚烈，倘若加以折辱贬斥，恐怕经受不住内心的忧伤愤郁，一旦染上难以测知的疾病，陛下后悔还来得及吗！”于是，高祖没有处罚李世民。李元吉暗中请求杀掉秦王李世民，高祖说：“他立下了平定天下的功劳，看不出他犯有什么明显的罪过，用什么做借口呢？”李元吉说：“秦王刚刚平定东都洛阳的时候，观望形势，不肯返回，散发钱财布帛，以便树立个人的恩德，又违背陛下的命令，不是造反，又是什么！只应该赶紧将他杀掉，何必担心找不到借口呢！”高祖没有回答他。

秦王府所属的官员人人忧虑，个个恐惧，不知所措。行台考功郎中房玄龄对比部郎中长孙无忌说：“现在仇怨已经造成，一旦祸患暗发，岂止是秦王府不可收拾，实际上便是国家的存亡都成了问题。不如劝说秦王采取周公平定管叔与蔡叔的行动，以便安定皇室与国家。存亡的枢机，形势的危急，就在今天！”长孙无忌说：“我有这一想法已经有很长一段时间了，只是不敢讲出口；现在您说的这一席话，正好符合我的心愿，请让我为您禀告秦王。”于是，长孙无忌进去告诉了李世民。李世民传召房玄龄计议此事，房玄龄说：“大王的功劳足以遮盖天地，应当继承皇帝的伟大勋业。现在大王心怀忧虑戒惧，正是上天在帮助大王啊，希望大王不要疑惑不定了。”于是，房玄龄与秦王府属杜如晦共同劝说李世民诛杀李建成与李元吉。

【原文】

建成、元吉以秦府多骁将，欲诱之使为己用，密以金银器一车赠左二副护军尉迟敬德，并以书招之曰：“愿迂长者之眷，以敦布衣之交。”敬德辞曰：“敬德，蓬户瓮牖之人，遭隋末乱离，久沦逆地，罪不容诛。秦王赐以更生之恩，今又策名藩邸，唯当杀身以为报。于殿下无功，不敢谬当重赐。若私交殿下，乃是贰心，徇利忘忠，殿下亦何所用！”建成怒，遂与之绝。敬德以告世民，世民曰：“公心如山岳，虽积金至斗，知公不移。相遗但受，何所嫌也！且得以知其阴计，岂非良策！不然，祸将及公。”既而元吉使壮士夜刺敬德，敬德知之，洞开重门，安卧不动，刺客屡至其庭，终不敢入。元吉乃谮敬德于上，下诏狱讯治，将杀之，世民固请，得免。又谮左一马军总管程知节，出为康州刺史。知节谓世民曰：“大王股肱羽翼尽矣，身何能久！知节以死不去，愿早决计。”又以金帛诱右二护军段志玄，志玄不从。建成

谓元吉曰："秦府智略之士，可惮者独房玄龄、杜如晦耳。"皆谮之于上而逐之。

世民腹心唯长孙无忌尚在府中，与其舅雍州治中高士廉、右候车骑将军三水侯君集及尉迟敬德等，日夜劝世民诛建成、元吉。世民犹豫未决，问于灵州大都督李靖，靖辞；问于行军总管李世勣，世勣辞；世民由是重二人。

【译文】

由于秦王府拥有许多骁勇的将领，李建成与李元吉打算引诱他们为己所用，便暗中将一车金银器物赠送给左二副护军尉迟敬德，并且写了一封书信招引他说："希望得到您的屈驾眷顾，以便加深我们之间的布衣之交。"尉迟敬德推脱说："我是编蓬为户、破瓮作窗人家的小民，遇到隋朝末年战乱不息、百姓流亡的时局，长期沦落在抗拒朝廷的境地里，罪大恶极，死有余辜。秦王赐给我再生的恩典，现在我又在秦王府注册为官，只应以死报答秦王。我没有为殿下立过尺寸之功，不敢凭空接受殿下如此丰厚的赏赐。倘若我私自与殿下交往，就是对秦王不忠，就是因贪图财利而忘掉忠义，殿下要这种人又有什么用处呢！"李建成大怒，便与他断绝了往来。尉迟敬德将此事告诉了李世民，李世民说："您的心就像山岳那样坚实牢靠，即使他赠送给您的金子堆积得顶住了北斗星，我知道您的心还是不会动摇的。他赠给

您什么，您就接受什么，这又有什么值得猜疑的呢！况且，这样做能够了解他的阴谋，难道不是一个上好的计策吗？否则，祸事就将降临到您的头上了。”不久，李元吉指使勇士在夜间刺杀尉迟敬德，尉迟敬德得知这一消息以后，将层层门户敞开，自己安然躺着不动，刺客屡次来到他的院子，终究没能敢走进屋中。于是，李元吉向高祖诬陷尉迟敬德，敬德被关进奉诏命特设的监狱里审问处治，准备将他杀掉，由于李世民再三请求保全他的生命，这才得以不死。李元吉又诬陷左一马军总管程知节，高祖将他外放为康州刺史。程知节对李世民说：“大王的辅佐之臣快要走光了，大王自身又怎么能够长久呢！我誓死不离开京城，希望大王及早将计策决定下来。”李元吉又用金银布帛引诱右二护军段志玄，段志玄不肯从命。李建成对李元吉说：“在秦王府有智谋才略的人物中，值得畏惧的是房玄龄和杜如晦。”李建成与李元吉又向高祖诬陷他们二人，使他们遭到斥逐。

李世民的亲信只剩下长孙无忌还在秦王府之中，他与他的舅舅雍州治中高士廉、右候车骑将军三水人侯君集以及尉迟敬德等人，夜以继日地劝说李世民诛讨李建成和李元吉，李世民犹豫不决。李世民向灵州大都督李靖问计，李靖推辞了；又向行军总管李世勣问计，李世勣也推辞了。从此，李世民便器重此二人了。

【原文】

会突厥郁射设将数万骑屯河南，入塞，围乌城，建成荐元吉代世民督诸军北征，上从之，命元吉督右武卫大将军李艺、天纪将军张瑾等救乌城。元吉请尉迟敬德、程知节、段志玄及秦府右三统军秦叔宝等与之偕行，简阅秦王帐下精锐之士以益元吉军。率更丞王晊密告世民曰："太子语齐王：'今汝得秦王骁将精兵，拥数万之众，吾与秦王饯汝于昆明池，使壮士拉杀之于幕下，奏云暴卒，主上宜无不信。吾当使人进说，令授吾国事。敬德等既入汝手，宜悉坑之，孰敢不服！'"世民以晊言告长孙无忌等，无忌等劝世民先事图之。世民叹曰："骨肉相残，古今大恶。吾诚知祸在朝夕，欲俟其发，然后以义讨之，不亦可乎！"敬德曰："人情谁不爱其死！今众人以死奉王，乃天授也。祸机垂发，而王犹晏然不以为忧，大王纵自轻，如宗庙社稷何！大王不用敬德之言，敬德将窜身草泽，不能留居大王左右，交手受戮也！"无忌曰："不从敬德之言，事今败矣。敬德等必不为王有，无忌亦当相随而去，不能复事大王矣！"世民曰："吾所言亦未可全弃，公更图之。"敬德曰："王今处事有疑，非智也；临难不决，非勇也。且大王素所畜养勇士八百余人，在外者今已入宫，擐甲执兵，事势已成，大王安得已乎！"

世民访之府僚，皆曰："齐王凶戾，终不肯事其兄。比

闻护军薛实尝谓齐王曰：'大王之名，合之成“唐”字，大王终主唐祀' 齐王喜曰：'但除秦王，取东宫如反掌耳。' 彼与太子谋乱未成，已有取太子之心。乱心无厌，何所不为！若使二人得志，恐天下非复唐有。以大王之贤，取二人如拾地芥耳，奈何徇匹夫之节，忘社稷之计乎！”世民犹未决，众曰：“大王以舜为何如人?”曰：“圣人也。”众曰：“使舜浚井不出，则为井中之泥，涂廪不下，则为廪上之灰，安能泽被天下，法施后世乎！是以小杖则受，大杖则走，盖所存者大故也。”世民命卜之，幕僚张公谨自外来，取龟投地，曰：“卜以决疑，今事在不疑，尚何卜乎！卜而不吉，庸得已乎！”于是定计。

【译文】

适逢突厥郁射设带领数万骑兵驻扎在黄河以南，进入边塞，包围乌城，李建成便推荐李元吉代替李世民督率各军北征突厥。高祖听从了他的建议，命令李元吉督事右武卫大将军李艺、天纪将军张瑾等人前去援救乌城。李元吉请求让尉迟敬德、程知节、段志玄以及秦王府右三统军秦叔宝等人与自己一同前往，检阅并挑选秦王军中精悍勇锐的将士，来增强李元吉的军队。率更丞王晊秘密禀告李世民说：“太子对齐王说：'现在，你已经得到秦王骁勇的将领和精悍的士兵，拥有数万人马了。我与秦王在昆明池为你饯行，让勇士就在帐幕里将其杀死，上奏时就说他暴病身亡，皇上应该不会不相信的。我自当让人进言申说，使皇上将国家事务交给我。尉迟敬德等人被你控制以后，应该将他们悉数活埋，有谁敢不服呢！'”李世民将率更丞王晊的话告诉了长孙无忌等人，长孙无忌等人劝说李世民在事发以前设法对付他们。李世民叹息着说：“骨肉相互残杀，是古往今来的大恶事。我诚然知道祸事即将来临，但我打算在祸事发动以后，再仗义讨伐他们，这不也是可以的吗？”尉迟敬德说：“作为人之常情，有谁舍得死去！现在大家誓死拥戴大王，这是天意。祸患的机枢就要发动，大王却仍旧态度安然，不为此事担忧。即使大王把自己看得很轻，又怎么对得起宗庙社稷呢！如果大王不肯采用我的主张，我就准备逃身荒野了。我是不能够留在大王身边，拱手任人宰割的！”长孙无忌说：“如果大王不肯听从尉迟敬德的主张，事情现在便没有指望了。尉迟敬德等人肯定不会再追随大王，我也应当跟着他们离开大王，不能够再事奉大王了！”李世民说：“我讲的意见也不能够完全舍弃，您再计议一下吧。”尉迟敬德说：“如今大王处理事情犹豫不定，这是不明智的做法；面对危难，不能决断，这是不果敢的。况且，大王平时蓄养的八百多名勇士，凡是在外面的，现在已经进入宫中，他们穿好衣甲，握着兵器，起事的形势已经形成，大王怎么能够制止得住他们呢！”

李世民就此事征求秦王府僚属的意见，大家都说：“齐王凶恶乖张，是终究不愿意事奉自己的兄长的。近来听说护军薛实曾经对齐王说：‘大王的名字，合起来可以成为一个唐字，看来大王终究是要主持大唐的祭祀的。’齐王欢喜地说：‘只要能够除去秦王，捉拿太子就易如反掌了。’李元吉与太子谋划作乱还没有成功，就已经有了捉拿太子的心思。作乱的心思没个满足，又有什么事情做不出来呢！假使这两个人如愿以偿了，恐怕天下就不再归大唐所有。凭着大王的贤能，捉拿这两个人就像拾取地上的草芥一般容易，怎么能够为了信守平常人的节操，而忘记了国家社稷呢？”李世民仍然没有做出决定。大家说：“大王认为虞舜是什么样的人呢？”李世民说：“是圣人。”大家说：“假如虞舜在疏浚水井的时候没有躲过父亲与弟弟在上面填土的毒手，他便化为井中的泥土了；假如他在整修粮仓的时候没有逃过父亲和弟弟在下面放火的毒手，他便化为粮仓上的灰烬了，还怎么能够使自己的恩泽遍及天下，法度流传后世呢！所以，虞舜在遭到父亲用小棍棒笞打的时候便忍受了，在遭到父亲用大棍棒笞打的时候便逃亡了，这恐怕是因为虞舜心里所想的是大事啊。”李世民让人卜算是否应该采取行动，恰好秦王幕府的僚属张公谨从外面进来，便将龟甲拿过来扔在地上说：“占卜是为了决定疑难之事的，现在事情并无疑难，还占卜什么呢？如果卜算的结果是不吉利的，难道就不采取行动了吗？”于是，大家便定下了采取行动的各项计划。

【原文】

世民令无忌密召房玄龄等，曰：“敕旨不听复事王。今若私谒，必坐死，不敢奉教！”世民怒，谓敬德曰：“玄龄、如晦岂叛我邪！”取所佩刀授敬德曰：“公往观之，若无来心，可断其首以来。”敬德往，与无忌共谕之曰：“王已决计，公宜速入共谋之。吾属四人，不可群行道中。”乃令玄龄、如晦著道士服，与无忌俱入，敬德自他道亦至。

己未，太白复经天。傅奕密奏：“太白见秦分，秦王当有天下。”上以其状授世民。于是世民密奏建成、元吉淫乱后宫，且曰：“臣于兄弟无丝毫负，今欲杀臣，似为世充、建德报雠。臣今枉死，永违君亲，魂归地下，实耻见诸贼！”上省之，愕然，报曰：“明当鞫问，汝宜早参。”

【译文】

李世民让长孙无忌去秘密地将房玄龄等人召来，房玄龄等人说：“敕书的旨意是不允许我们大家再侍奉秦王的，如果我们现在私下去谒见秦王，肯定要因此获罪致死，因此我们不敢接受秦王的教令！”李世民生气地对尉迟敬德说：“房玄龄与杜如晦难道要背叛我吗！”他摘下佩刀交给尉迟敬德说：“您前去察看一下情况，如果他们没有前来的意思，您可以砍下他们的头颅，带着回来见我。”尉迟敬德前去，与长孙无忌一起晓示房玄龄等人说："秦王已经将采取行动的办法决定下来了。你们最好赶紧前去秦王府共同计议大事。我们这四个人，不能够在街道上同行。"于是让房玄龄与杜如晦穿上道士的服装，与长孙无忌一同进入秦王府，尉迟敬德由别的道路也回到了秦王府中。

己未（初三），金星再次白天出现在天空正南方的午位。傅奕秘密上奏说："金星出现在秦地的分野上，这是秦王应当拥有天下的征兆。"高祖将傅奕的密状交给了李世民。此时，李世民暗中奏陈李建成与李元吉淫乱后宫嫔妃，并且说："我丝毫也没有对不起哥哥与弟弟的地方，现在他们却打算杀死我，似乎是要为王世充和窦建德报仇。如今我将含冤而死，永远离开父皇，魂魄回到地下，如果见到王世充等人，实在感到羞耻！"高祖望着李世民，惊讶不已，回答说："明天就审问此事，你最好及早前来朝参。"

【原文】

庚申，世民帅长孙无忌等人，伏兵于玄武门。张婕妤窃知世民表意，驰语建成。建成召元吉谋之，元吉曰："宜勒宫府兵，托疾不朝，以观形势。"建成曰："兵备已严，当与弟入参，自问消息。"乃俱入，趣玄武门。上时已召裴寂、萧瑀、陈叔达等，欲按其事。

建成、元吉至临湖殿，觉变，即拨马东归宫府。世民从而呼之，元吉张弓射世民，再三不彀，世民射建成，杀之。尉迟敬德将七十骑继至，左右射元吉坠马。世民马逸入林下，为木枝所挂，坠不能起。元吉遽至，夺弓将扼之，敬德跃马叱之。元吉步欲趣武德殿，敬德追射，杀之。翊卫车骑将军冯翊冯立闻建成死，叹曰："岂有生受其恩而死逃其难乎！"乃与副护军薛万彻、屈咥直府左车骑万年谢叔方帅东宫、齐府精兵二千驰趣玄武门。张公谨多力，独闭关以拒之，不得入。云麾将军敬君弘掌宿卫兵，屯玄武门，挺身出战，所亲止之曰："事未可知，且徐观变，俟兵集，成列而战，未晚也。"君弘不从，与中郎将吕世衡大呼而进，皆死之。君弘，显儁之曾孙也。守门兵与万彻等力战良久，万彻鼓噪欲攻秦府，将士大惧；尉迟敬德持建成、元吉首示之，宫府兵遂溃。万彻与数十骑亡入终南山。冯立既杀敬君弘，谓其徒曰："亦足以少报太子矣！"遂解兵，逃于野。

【译文】

庚申（初四），李世民率领长孙无忌等人入朝，将兵力埋伏在玄武门。张婕妤暗中得知了李世民上表的大意，急忙前去告诉李建成。李建成将李元吉叫来商议此事，李元吉说："我们应当统率好东宫与齐王府中的军队，托称有病，不去上朝，以便观察形势。"李建成说："军队的防备已很严密了，我与你应当入朝参见，亲自打听消息。"于是，二人一起入朝，朝着玄武门走来。当时，高祖已经将裴寂、萧瑀、陈叔达等人召集前来，准备查验这件事情了。

李建成与李元吉来到临湖殿的时候，察觉到发生了变故，立即勒转马头，准备向东返回东宫和齐王府。李世民跟在后面招呼他们，李元吉拉开弓射李世民，一连两三次，都没有将弓拉满，李世民箭射李建成，将他射死了。尉迟敬德带领骑兵七十人相继赶到，他身边的将士将李元吉射下马来。李世民的坐骑奔入树林，被树枝挂住，倒在地上不能起来。李元吉迅速赶到，夺过弓来，准备勒死李世民，尉迟敬德跃马奔来大声呵斥他。李元吉打算奔往武德殿，尉迟敬德追着射他，将他射死了。翊卫车骑将军冯翊人冯立得知李建成死去的消息以后，叹息说："难道能够人家活着时蒙受人家的恩惠，人家一死便逃避人家的祸难吗？"于是，他与副护军薛万彻、屈咥直府左车骑万年人谢叔方率领东宫和齐王府的精锐兵马两千人，急驰玄武门。张公谨力大过人，他独自关闭了大门，挡住冯立等人，冯立等人无法进入。云麾将军敬君弘掌管着宿卫军，驻扎在玄武门。他挺身而起，准备出战，与他亲近的人阻止他说："事情未见分晓，姑且慢慢观察事态的发展变化，等到兵力集合起来，结成阵列再出战，也为时不晚啊。"敬君弘不肯听从，便与中郎将吕世衡大声呼喊着奔向前去，结果全部战死。敬君弘是敬显隽的曾孙。把守玄武门的士兵与薛万彻等人奋力交战，持续了很长时间，薛万彻擂

着鼓，呼喊着，准备进攻秦王府，将士们大为恐惧。这时，尉迟敬德提着李建成和李元吉的头颅，给薛万彻等人看，东宫和齐王府的人马因而溃散，薛万彻与骑兵数十人逃进终南山。冯立杀死敬君弘以后，对手下人说："这也是足够略微报答太子了。"于是，他丢掉兵器，落荒而逃。

【原文】

上方泛舟海池，世民使尉迟敬德入宿卫，敬德擐甲持矛，直至上所。上大惊，问曰："今日乱者谁邪？卿来此何为？"对曰："秦王以太子、齐王作乱，举兵诛之，恐惊动陛下，遣臣宿卫。"上谓裴寂等曰："不图今日乃见此事，当如之何？"萧瑀、陈叔达曰："建成、元吉本不预义谋，又无功于天下，疾秦王功高望重，共为奸谋。今秦王已讨而诛之，秦王功盖宇宙，率土归心，陛下若处以元良，委之国事，无复事矣！"上曰："善！此吾之夙心也。"时宿卫及秦府兵与二宫左右战犹未已，敬德请降手敕，令诸军并受秦王处分，上从之。天策府司马宇文士及自东上閤门出宣敕，众然后定。上又使黄门侍郎裴矩至东宫晓谕诸将卒，皆罢散。上乃召世民，抚之曰："近日以来，几有投杼之惑。"世民跪而吮上乳，号恸久之。

【译文】

高祖正在海池划船。李世民让尉迟敬德入宫担任警卫，尉迟敬德身披铠甲，手握长矛，径直来到高祖所在的地方。高祖极为震惊，便问他说：“今天作乱的人是谁呀？你到这里来做什么？”尉迟敬德回答说：“由于太子和齐王作乱，秦王起兵诛杀了他们。秦王担心惊动陛下，便派我担任警卫。”高祖对裴寂等人说：“不料今天竟然会出现这种事情，你们认为应当怎么办呢？”萧瑀和陈叔达说：“李建成与李元吉原来就没有参与举义反隋的谋议，又没有为天下立下功劳。他们嫉妒秦王功勋大，威望高，便一起策划邪恶的阴谋。现在，秦王已经声讨并诛杀了他们，秦王的功绩布满天下，我国疆域以内的人们都诚心归向于他。如果陛下能够决定立他为太子，将国家政务交托给他，就不会再发生任何事端了。”高祖说：“好！这也正是我平素的心愿啊。”当时，宿卫军和秦王府的兵马与东宫和齐王府的亲信交战还没有停止，尉迟敬德请求高祖颁布亲笔敕令，命令各军一律接受秦王的处置，高祖听从了他的建议。天策府司马宇文士及由东上閤门出来宣布敕令，大家便安定下来。高祖又让黄门侍郎裴矩前往东宫告知各个将士，将士们便都弃甲散开。于是，高祖传召李世民前来，抚慰他说：“近些日子以来，我几乎出现了曾母误听曾参杀人而丢开织具逃走的疑惑。”李世民跪了下来，伏在高祖的胸前，长时间地放声痛哭。

魏徵进谏（卷一百九十二◎唐纪八）

【原文】

太宗文武大圣大广孝皇帝上之上贞观元年

壬申，上谓太子少师萧瑀曰："朕少好弓矢，得良弓十数，自谓无以加，近以示弓工，乃曰'皆非良材'。朕问其故，工曰：'木心不直，则脉理皆邪，弓虽劲而发矢不直。'朕始寤向者辨之未精也。朕以弓矢定四方，识之犹未能尽，况天下之务，其能遍知乎！"乃命京官五品以上更宿中书内省，数延见，问以民间疾苦，政事得失。

秋，七月，壬子，以吏部尚书长孙无忌为右仆射。无忌与上为布衣交，加以外戚，有佐命功，上委以腹心，其礼遇群臣莫及，欲用为宰相者数矣。文德皇后固请曰："妾备位椒房，家之贵宠极矣，诚不愿兄弟复执国政。吕、霍、上官，可为切骨之戒，幸陛下矜察！"上不听，卒用之。

【译文】

唐太宗贞观元年（丁亥，公元627年）

壬申（闰三月二十日），太宗对太子少师萧瑀说：“朕年轻时喜好弓箭，曾得到十几张好弓，自认为没有能超过它们的，最近拿给做弓箭的弓匠看，弓匠说：‘都不是好材料。’朕问他原因，弓匠说：‘弓子木料的中心部分不直，所以脉纹也都是斜的，弓力虽强劲但箭发出去不走直线。’朕这才醒悟到以前对弓箭的性能分辨不清。朕以弓箭平定天下，而对弓箭的性能还没能完全认识清楚，何况对于天下的事务，又怎么能遍知其理呢！”于是下令在京五品以上官员，轮流在中书内省值夜班，太宗多次接见他们，询问民间百姓疾苦和政治得失。

秋季，七月壬子（初二），任命吏部尚书长孙无忌为尚书右仆射。长孙无忌与太宗早年为布衣之交，加上皇后兄长的外戚身份，又有辅佐太宗即位的大功，太宗视为心腹，对他的礼遇无人堪比，几次想重用他为宰相。文德皇后固执地请求说：“妾身为皇后，家族的尊贵荣耀已达到顶点，实在不愿意妾的兄、弟再去执掌国政。汉代的吕、霍、上官三家外戚的事情都是痛彻骨髓的前车之鉴，望陛下体恤明察！”太宗不听，最后还是予以重用了。

【原文】

或告右丞魏徵私其亲戚，上使御史大夫温彦博按之，无状。彦博言于上曰："徵不存形迹，远避嫌疑，心虽无私，亦有可责。"上令彦博让徵，且曰："自今宜存形迹。"他日，徵入见，言于上曰："臣闻君臣同体，宜相与尽诚；若上下俱存形迹，则国之兴丧尚未可知。臣不敢奉诏。"上瞿然曰："吾已悔之。"徵再拜曰："臣幸得奉事陛下，愿使臣为良臣，勿为忠臣。"上曰："忠、良有以异乎？"对曰："稷、契、皋陶，君臣协心，俱享尊荣，所谓良臣；龙逄、比干，面折廷争，身诛国亡，所谓忠臣。"上悦，赐绢五百匹。

【译文】

有人告发右丞魏徵偏袒他的亲属，太宗派御史大夫温彦博查问，没有实据。温彦博对太宗说："魏徵不做任何表示，以远远地避开嫌疑，内心虽然无私，但也有应责备的地方。"太宗让温彦博去数落魏徵，而且说道："从今以后，应有所表示。"有一天，魏徵上朝，对太宗说："我听说君主与臣下一体，应彼此竭诚相待；如果上下都要求有所表示，那么国家的兴亡就难以预料了，臣不敢接受这个诏令。"太宗吃惊地说："我已经后悔了。"魏徵拜了两拜说道："臣很荣幸能为陛下做事，愿陛下让臣做良臣，不要让臣做忠臣。"太宗问："忠、良有什么区别吗？"回答道："后稷、契、皋陶，君臣齐心合力，共享荣耀，这就是所说的良臣。关龙逄、比干犯颜直谏，身死国亡，这就是所说的忠臣。"太宗听后十分高兴，赐给魏徵绢五百匹。

【原文】

上神采英毅，群臣进见者，皆失举措；上知之，每见人奏事，必假以辞色，冀闻规谏。尝谓公卿曰："人欲自见其形，必资明镜；君欲自知其过，必待忠臣。苟其君愎谏自贤，其臣阿谀顺旨，君既失国，臣岂能独全！如虞世基等谄事炀帝以保富贵，炀帝既弑，世基等亦诛。公辈宜用此为戒，事有得失，毋惜尽言！"

【译文】

太宗的神情、风采英武刚毅，众位大臣觐见他时，皆手足失措。太宗知道后，每次见人上朝奏事，都要对他们和颜悦色，希望听到规谏之言。他曾对公卿说："人想要看见自己的形体，一定要借助于镜子；君主想自己知道过错，必然要善待忠正耿直的大臣。如果君主刚愎自用，自以为是，大臣阿谀逢迎的话，君主就会失去国家，大臣又岂能独自保全！像虞世基等人对隋炀帝阿谀奉承以求保全富贵，炀帝被杀后，世基等也难免一死。望你们以此为戒，每件事都有得失，希望不惜畅所欲言！"

文成入蕃（卷一百九十六◎唐纪十二）

【原文】

唐太宗贞观十五年

春，正月甲戌，以吐蕃禄东赞为右卫大将军。上嘉禄东赞善应对，以琅邪公主外孙段氏妻之。辞曰："臣国中自有妇，父母所聘，不可弃也。且赞普未得谒公主，陪臣何敢先娶！"上益贤之，然欲抚以厚恩，竟不从其志。

丁丑，命礼部尚书江夏王道宗持节送文成公主于吐蕃。赞普大喜，见道宗，尽子婿礼，慕中国衣服、仪卫之美，为公主别筑城郭宫室而处之，自服纨绮以见公主。其国人皆以赭涂面，公主恶之，赞普下令禁之；亦渐革其猜暴之性，遣子弟入国学，受《诗》《书》。

【译文】

唐太宗贞观十五年（辛丑，公元641年）

春季，正月，甲戌（十二日），唐朝廷任命吐蕃禄东赞为右卫大将军。太宗嘉许禄东赞善于应对，欲将琅琊公主的外孙女段氏嫁给他为妻，禄东赞推辞说："臣在本国中自有妻子，是父母为我聘娶的，不能够抛弃。而且我们的赞普首领还未曾迎娶公主，陪臣我怎么敢先娶呢？"太宗更加赞赏他，然而想要以厚礼隆恩加以抚慰，他最后还是没有从命。

丁丑（十五日），太宗令礼部尚书、江夏王李道宗持旌节护送文成公主到吐蕃。吐蕃赞普非常高兴，见到李道宗，完全按婿礼行事，羡慕唐朝的服装和仪仗之美，将公主安置在特意营筑的城郭宫室之内，自己穿戴着精美的丝绸服装与公主见面。吐蕃人的脸上都涂着红褐色，公主感到厌恶，赞普便下令禁止涂面，并且逐渐改变其猜忌粗暴的本性，派遣本族子弟到长安国子学，学习《诗经》《尚书》等典籍。

二圣临朝（卷二百〇一◎唐纪十七）

【原文】

唐高宗麟德元年

初，武后能屈身忍辱，奉顺上意，故上排群议而立之。及得志，专作威福，上欲有所为，动为后所制，上不胜其忿。有道士郭行真，出入禁中，尝为厌胜之术，宦者王伏胜发之。上大怒，密召西台侍郎、同东西台三品上官仪议之。仪因言："皇后专恣，海内所不与，请废之。"上意亦以为然，即命仪草诏。

左右奔告于后，后遽诣上自诉。诏草犹在上所，上羞缩不忍，复待之如初，犹恐后怨怒，因绐之曰："我初无此心，皆上官仪教我。"仪先为陈王谘议，与王伏胜俱事故太子忠，后于是使许敬宗诬奏仪、伏胜与忠谋大逆。十二月，丙戌，仪下狱，与其子庭芝、王伏胜皆死，籍没其家。戊子，赐忠死于流所。右相刘祥道坐与仪善，罢政事，为司礼太常伯；左肃机郑钦泰等朝士流贬者甚众，皆坐与仪交通故也。

自是上每视事，则后垂帘于后，政无大小，皆与闻之。天下大权，悉归中宫，黜陟、杀生，决于其口，天子拱手而已，中外谓之二圣。

【译文】

唐高宗麟德元年（甲子，公元664年）

起初，皇后武则天能屈身忍辱，顺从唐高宗的旨意，所以唐高宗排除不同意见，立她为皇后；等到她得志之后，恃势专权，唐高宗想有所作为，常为她所牵制，唐高宗非常愤怒。有个道士叫郭行真，出入皇宫，曾施行用诅咒害人的“厌胜”邪术，太监王伏胜揭发了这件事。唐高宗大怒，秘密招来西台侍郎同东西台三品上官仪商议。上官仪于是进言说：“皇后专权自恣，天下人都不说她的好话，请废黜她。”唐高宗也认为应当这么办，立即命令上官仪起草诏令。

皇帝左右的人跑去告诉武后，武后赶忙来到唐高宗处诉说。当时废黜的诏令草稿还在唐高宗处，他羞惭畏缩，不忍心废黜，又像原来一样地对待她；又恐怕她怨恨恼怒，还哄骗她说：“我本来没有这个想法，都是上官仪给我出的主意。”上官仪原先任陈王谘议，与王伏胜都曾事奉过已被废黜的太子李忠，武后于是便指使许敬宗诬奏上官仪、王伏胜与李忠阴谋背叛朝廷。十二月丙戌（十三日），上官仪被逮捕入狱，和他儿子上官庭芝以及王伏胜都被处死，家财被查抄没收。戊子（十五日），赐李忠自尽于流放处所。右相刘祥道因与上官仪友善，被免去相职，降职为司礼太常伯，左肃机郑钦泰等朝廷官员被流放贬谪的很多，都是因与上官仪有来往的缘故。

此后，唐高宗每逢临朝治事，武后都在后边垂帘听政，政事无论大小，她都要参与。天下大权，全都归于武后，官员升降生杀，取决于她一句话，皇帝只是无所事事的清闲人而已，朝廷内外称他们为“二圣”。

武氏专权（卷二百〇四◎唐纪二十）

【原文】

则天皇后天授元年

太后欲以太平公主妻其伯父士让之孙攸暨，攸暨时为右卫中郎将，太后潜使人杀其妻而妻之。公主方额广颐，多权略，太后以为类己，宠爱特厚，常与密议天下事。旧制，食邑，诸王不过千户，公主不过三百五十户，太平食邑独累加至三千户。

【译文】

则天皇后天授元年（庚寅，公元690年）

太后想将女儿太平公主嫁给她伯父武士让的孙子武攸暨。武攸暨当时任右卫中郎将，太后秘密指使人杀死他的妻子后将女儿嫁给他。太平公主方额大腮，多权变谋略，太后认为她同自己相像，因此对她特别宠爱，常同她秘密商议天下的大事。按旧制规定，朝廷赐给封户，诸王不能超过一千户，公主不能超过三百五十户，唯独太平公主连续追加至三千户。

【原文】

九月，丙子，侍御史汲人傅游艺帅关中百姓九百馀人诣阙上表，请改国号曰周，赐皇帝姓武氏。太后不许，擢游艺为给事中。于是百官及帝室宗戚、远近百姓、四夷酋长、沙门、道士合六万馀人，俱上表如游艺所请，皇帝亦上表自请赐姓武氏。戊寅，群臣上言：有凤皇自明堂飞入上阳宫，还集左台梧桐之上，久之，飞东南去，及赤雀数万集朝堂。

庚辰，太后可皇帝及群臣之请。壬午，御则天楼，赦天下，以唐为周，改元。乙酉，上尊号曰圣神皇帝，以皇帝为皇嗣，赐姓武氏，以皇太子为皇孙。

【译文】

九月丙子（初三），侍御史汲县人傅游艺率领关中百姓九百余人到皇宫前上奏表，请求改国号为周，赐皇帝姓武氏。太后没有允许，但提升傅游艺任给事中。于是百官以及帝室的同宗亲属、远近百姓、四夷的酋长、和尚、道士共六万余人，都上表提出同傅游艺一样的请求，皇帝也上表请求赐姓武氏。戊寅（初五），群臣进言："有凤凰从明堂飞入上阳宫，又飞回停在左台的梧桐树上，过了很久，才向东南飞去，还有赤雀数万只飞集朝堂。"

庚辰（初七），太后同意皇帝及群臣的请求。壬午（初九），太后上则天门城楼，宣布大赦天下，改唐为周，更改年号。乙酉（十二日），上尊号称圣神皇帝，以皇帝为皇位继承人，赐姓武氏，以皇太子为皇孙。

玄宗掌权（卷二百一十◎唐纪二十六）

【原文】

唐玄宗开元元年

太平公主依上皇之势，擅权用事，与上有隙，宰相七人，五出其门。文武之臣，太半附之，与窦怀贞、岑羲、萧至忠、崔湜及太子少保薛稷、雍州长史新兴王晋、左羽林大将军常元楷、知右羽林将军事李慈、左金吾将军李钦、中书舍人李猷、右散骑常侍贾膺福、鸿胪卿唐晙、及僧慧范等谋废立，又与宫人元氏谋于赤箭粉中置毒进于上。晋，德良之孙也。元楷、慈数往来主第，相与结谋。

王琚言于上曰："事迫矣，不可不速发。"左丞张说自东都遣人遗上佩刀，意欲上断割。荆州长史崔日用入奏事，言于上曰："太平谋逆有日。陛下往在东宫，犹为臣子，若欲讨之，须用谋力。今既光临大宝，但下一制书，谁敢不从？万一奸宄得志，悔之何及!”上曰：“诚如卿言，直恐惊动上皇。”日用曰：“天子之孝在于安四海。若奸人得志，则社稷为墟，安在其为孝乎！请先定北军，后收逆党，则不惊动上皇矣。”上以为然。以日用为吏部侍郎。

【译文】

唐玄宗开元元年（癸丑，公元713年）

太平公主倚仗太上皇唐睿宗的势力专擅朝政，与唐玄宗发生冲突。朝中七位宰相之中，有五位出自她的门下，文臣武将之中也有一半以上的人依附她。太平公主与窦怀贞、岑羲、萧至忠、崔湜以及太子少保薛稷、雍州长史新兴王李晋、左羽林大将军常元楷、知右羽林将军事李慈、左金吾将军李钦、中书舍人李猷、右散骑常侍贾膺福、鸿胪寺卿唐晙和胡僧慧范等一起图谋废掉唐玄宗。此外，太平公主又与宫女元氏合谋，准备在进献给玄宗皇帝服用的天麻粉中投毒。李晋是李德良的孙子。常元楷和李慈多次前往太平公主的私宅与她商议作乱的计谋。

王琚对唐玄宗进言道：“形势已十分紧迫，陛下不可不迅速行动了。”尚书左丞张说从东都洛阳派人给唐玄宗送来了一把佩刀，意思是请玄宗及早决断，铲除太平公主的势力。荆州长史崔日用入朝奏事，对唐玄宗说：“太平公主图谋叛逆，是由来已久的事情。当初，陛下在东宫做太子时，在名分上还是臣子，如果那时想铲除太平公主，需要施用计谋。现在陛下已为天下之主，只需颁下一道制书，有哪一个敢于抗命不从？如果犹豫不决，万一奸邪之徒的阴谋得逞，到了那个时候再后悔可就来不及了！”唐玄宗说：“你说得非常正确，只是朕担心会惊动太上皇。”崔日用又说道：“天子的大孝在于使四海安宁。倘若奸党得志，则社稷宗庙将化为废墟，陛下的孝行又怎么体现出来呢？请陛下首先控制住左右羽林军和左右万骑军，然后再将太平公主及其党羽一网打尽，这样就不会惊动太上皇了。”唐玄宗认为他说得很对，便任命他为吏部侍郎。

【原文】

秋，七月，魏知古告公主欲以是月四日作乱，令元楷、慈以羽林兵突入武德殿，怀贞、至忠、羲等于南牙举兵应之。上乃与岐王范、薛王业、郭元振及龙武将军王毛仲、殿中少监姜皎、太仆少卿李令问、尚乘奉御王守一、内给事高力士、果毅李守德等定计诛之。皎，謩之曾孙；令问，靖弟客师之孙；守一，仁皎之子；力士，潘州人也。

甲子，上因王毛仲取闲厩马及兵三百馀人，与同谋十馀人，自武德殿入虔化门，召元楷、慈，先斩之，擒膺福、猷于内客省以出，执至忠、羲于朝堂，皆斩之。怀贞逃入沟中，自缢死，戮其尸，改姓曰毒。上皇闻变，登承天门楼。

郭元振奏，皇帝前奉诰诛窦怀贞等，无他也。上寻至楼上，上皇乃下诰罪状怀贞等，因赦天下，惟逆人亲党不赦。薛稷赐死于万年狱。

【译文】

秋季，七月，魏知古告发太平公主计划在本月四日发动叛乱，指使常元楷、李慈率领羽林军突入武德殿，另派窦怀贞、萧至忠、岑羲等人在南牙举兵响应。唐玄宗于是与岐王李范、薛王李业、郭元振以及龙武将军王毛仲、殿中少监姜皎、太仆少卿李令问、尚乘奉御王守一、内给事高力士、果毅李守德等人定计率先下手诛除太平公主集团。姜皎是姜謩的曾孙；李令问是李靖之弟李客师的孙子；王守一是王仁皎的儿子；高力士是潘州人。

甲子（初三），唐玄宗通过王毛仲调用闲厩中的马匹以及禁兵三百余人，与上述同谋划的十余人，从武德殿进入虔化门，召见常元楷和李慈二人先将他们斩首，在内客省逮捕了贾膺福和李猷并将他们带出，又在朝堂上逮捕了萧至忠和岑羲，下令将上述四人一起斩首。窦怀贞逃入城壕之中自缢而死，唐玄宗下令斩戮他的尸首，并将他的姓氏改为“毒”。太上皇唐睿宗听到事变发生的消息后，登上了承天门的门楼。郭元振上奏唐睿宗道：“皇帝只是奉太上皇诰命诛杀一些奸臣逆党，并没有发生什么其他的事。”玄宗皇帝

也随后来到门楼之上，唐睿宗于是颁发诰命列举窦怀贞等人的罪状，并大赦天下，只是逆臣的亲属党羽不在赦免之列。薛稷被赐死在万年县狱之中。

【原文】

乙丑，上皇诰："自今军国政刑，一皆取皇帝处分。朕方无为养志，以遂素心。"是日，徙居百福殿。

太平公主逃入山寺，三日乃出，赐死于家，公主诸子及党与死者数十人。薛崇简以数谏其母被挞，特免死，赐姓李，官爵如故。籍公主家，财货山积，珍物侔于御府，厩牧羊马、田园息钱，收之数年不尽。慧范家亦数十万缗。改新兴王晋之姓曰厉。

【译文】

乙丑（初四），太上皇唐睿宗发布诰命："从现在起，所有军国政务与刑赏教化，均由皇帝处理。朕正好清静无为，修身养性，以遂平生夙愿。"在这一天，太上皇移居到百福殿居住。

太平公主逃入山寺，直到事发三天以后才出来，被唐玄宗下诏赐死在她自己的家中，她的儿子以及党羽被处死的达数十人。薛崇简因为平日屡次谏阻其母太平公主而受到责打，所以例外地被免于死刑，唐玄宗将他赐姓为李氏，并准许他留任原职。唐玄宗还下令将太平公主的所有财产没收充公，在抄家时发现，公主家中的财物堆积如山，珍宝器玩可以与皇家府库媲美，厩中牧养的羊马、拥有的田地园林和放债应得的利息，几年也收不完。胡僧慧范也拥有家产达数十万缗。唐玄宗又下令将新兴王李晋的姓氏改为“厉”。

贵妃恃宠（卷二百一十五◎唐纪三十一）

【原文】

唐玄宗天宝四年

八月壬寅，册杨太真为贵妃，赠其父玄琰兵部尚书，以其叔父玄珪为光禄卿，从兄铦为殿中少监，锜为驸马都尉。癸卯，册武惠妃女为太华公主，命锜尚之。及贵妃三姊，皆赐第京师，宠贵赫然。

【译文】

唐玄宗天宝四年（乙酉，公元745年）

八月壬寅（十七日），玄宗册封杨太真为贵妃。追赠其父亲杨玄琰为兵部尚书，任命其叔父杨玄珪为光禄卿，堂兄杨铦为殿中少监，杨锜为驸马都尉。癸卯（十八日），册封武惠妃的女儿为太华公主，并命杨锜娶其为妻。杨贵妃的三个姐姐，都在京师赐给宅第，宠贵无比。

【原文】

唐玄宗天宝五年

杨贵妃方有宠，每乘马则高力士执辔授鞭，织绣之工专供贵妃院者七百人，中外争献器服珍玩。岭南经略使张九章，广陵长史王翼，以所献精美，九章加三品，翼入为户部侍郎。天下从风而靡。民间歌之曰："生男勿喜女勿悲，君今看女作门楣。"妃欲得生荔支，岁命岭南驰驿致之，比至长安，色味不变。

至是，妃以妒悍不逊，上怒，命送归兄铦之第。是日，上不怿，比日中，犹未食，左右动不称旨，横被棰挞。高力士欲尝上意，请悉载院中储偫送贵妃，凡百馀车，上自分御膳以赐之。及夜，力士伏奏请迎贵妃归院，遂开禁门而入。自是恩遇愈隆，后宫莫得进矣。

【译文】

唐玄宗天宝五年（丙戌，公元746年）

杨贵妃正在受到玄宗的宠爱，每次骑马，高力士都为她执鞭牵马，专门为杨贵妃织锦绣衣服的工匠多达七百人，朝野内外都争着进献器物衣服珍宝。岭南经略使张九章与广陵长史王翼，因为所进献的物品精美而被加官，张九章加为三品官，王翼入朝为户部侍郎。天下的官吏都纷纷效法。因此民间歌唱道："生男莫喜女莫悲，君今看女作门楣。"杨贵妃喜欢吃新鲜荔枝，玄宗就命令岭南每年都用驿马飞驰送来，到了长安，色味仍然不变。

这时，杨贵妃因为嫉妒、泼悍、无礼，激怒了玄宗，所以玄宗下令把贵妃送回她哥哥杨铦的家里。这一天，玄宗闷闷不乐，到中午，还没有吃饭。左右人的行动都不满他的意，被粗暴鞭打。高力士想要试探玄宗的心意，就请把贵妃院中储备待用的器物送给贵妃，总共装了一百多车，玄宗又把自己吃的食物分赐给贵妃。到了晚上，高力士又跪下奏请接回贵妃，于是打开禁门让杨贵妃入宫。从此杨贵妃愈发受到宠爱，后宫其他人都受到冷落。

玄宗塞听（卷二百一十七◎唐纪三十三）

【原文】

唐玄宗天宝十三载

春，正月，己亥，安禄山入朝。是时杨国忠言禄山必反，且曰："陛下试召之，必不来。"上使召之，禄山闻命即至。庚子，见上于华清宫，泣曰："臣本胡人，陛下宠擢至此，为国忠所疾，臣死无日矣！"上怜之，赏赐巨万，由是益亲信禄山，国忠之言不能入矣。太子亦知禄山必反，言于上，上不听。

【译文】

唐玄宗天宝十三年（甲午，公元754年）

春季，正月己亥（初三），安禄山入朝。当时杨国忠进言说安禄山必反，并说："陛下试召他入朝，他一定不来。"

于是玄宗就派人召见安禄山，安禄山听到命令立刻来朝。庚子（初四），安禄山晋见玄宗于华清宫，哭诉说："臣本是一名胡人，只是受到陛下的信任才有今天的地位，但却不被杨国忠所容，恐怕难以活命了！"玄宗听后十分怜爱，重加赏赐，因此更加信任安禄山，杨国忠的话一点儿也听不进去。太子李亨也知道安禄山要谋反，告诉玄宗，玄宗不听。

【原文】

己丑，安禄山奏："臣所部将士讨奚、契丹、九姓、同罗等，勋效甚多，乞不拘常格，超资加赏，仍好写告身付臣军授之。"于是除将军者五百馀人，中郎将者二千馀人。禄山欲反，故先以此收众心也。

【译文】

己丑（二月二十三日），安禄山上奏说："臣所率领的部下将士讨伐奚、契丹、九姓胡、同罗等，功勋卓著，乞望陛下能够打破以前的规律，越级封官赏赐，并希望写好告身，让臣在军中授予他们。"因此安禄山部将被任命为将军的有五百多人，中郎将的有两千多人。安禄山要谋反，所以先借此收买人心。

【原文】

三月，丁酉朔，禄山辞归范阳。上解御衣以赐之，禄山受之惊喜。恐杨国忠奏留之，疾驱出关。乘船沿河而下，令船夫执绳板立于岸侧，十五里一更，昼夜兼行，日数百里，过郡县不下船。自是有言禄山反者，上皆缚送之。由是人皆知其将反，无敢言者。

禄山之发长安也，上令高力士饯之长乐坡。及还，上问："禄山慰意乎？"对曰："观其意怏怏，必知欲命为相而中止故也。"上以告国忠，曰："此议他人不知，必张垍兄弟告之也。"上怒，贬张均为建安太守，垍为卢溪司马，垍弟给事中埱为宜春司马。

【译文】

三月，丁酉朔（初一），安禄山向玄宗告辞，要回范阳。玄宗脱下自己的衣服赐给他，安禄山接受衣服，十分惊喜。安禄山恐怕杨国忠向玄宗上奏把他留在朝中，所以急忙出潼关，然后乘船沿黄河而下，命令船夫手执挽船用的绳板立在岸边，十五里一换，昼夜兼程，日行数百里，经过郡县也不下船。从此凡有说安禄山谋反的人，玄宗都把他们捆绑起来送给安禄山。因此人们都知道安禄山将要谋反，但没有人敢再说。

安禄山从长安离去时，玄宗命令高力士在长乐坡为安禄山饯行。高力士回来后，玄宗问道："安禄山满意吗?"高力士回答说："我看到他心中不愉快，一定是知道了想要任命他为宰相，后来又改变主意的缘故。"玄宗把此事告诉了杨国忠，杨国忠说："这件事别人都不知道，一定是张垍兄弟告诉安禄山的。"玄宗大为愤怒，就贬张均为建安郡太守，张垍为卢溪郡司马，张垍的弟弟给事中张埱为宜春郡司马。

【原文】

侍御史、剑南留后李宓将兵七万击南诏。阁罗凤诱之深入，至大和城，闭壁不战。宓粮尽，士卒罹瘴疫及饥死什七八，乃引还，蛮追击之，宓被擒，全军皆没。杨国忠隐其败，更以捷闻，益发中国兵讨之，前后死者几二十万人，无敢言者。

上尝谓高力士曰："朕今老矣，朝事付之宰相，边事付之诸将，夫复何忧!"力士对曰："臣闻云南数丧师，又边将拥兵太盛，陛下将何以制之！臣恐一旦祸发，不可复救，何谓无忧也!"上曰："卿勿言，朕徐思之。"

【译文】

侍御史、剑南留后李宓率兵七万攻打南诏，南诏王阁罗凤采用诱敌深入的战术，把唐军诱到大和城下，坚壁不战。

李宓粮尽，所率领的士卒因为瘴疫和饥饿死了十分之七八，遂领兵撤退。这时南诏才出兵追击，李宓被俘，全军覆没。而杨国忠不但隐瞒败状，还假报获胜，并增兵去讨伐，前后战死的近二十万人，没有人敢说这件事。

玄宗曾经对高力士说：“朕已经老了，把朝中政事委托给宰相处理，边防军事委托给诸位边将，还有什么可忧愁的呢?”高力士回答说：“臣听说唐军在云南多次战败，还有边将拥兵太重，不知道陛下如何处置?臣深怕一朝祸发，难以挽救，怎么能说可以高枕无忧呢?”玄宗说：“你不要说了，让我仔细考虑一下。”

禄山叛乱（卷二百一十八◎唐纪三十四）

【原文】

唐肃宗至德元年

令狐潮复引兵攻雍丘。潮与张巡有旧，于城下相劳苦如平生，潮因说巡曰："天下事去矣，足下坚守危城，欲谁为乎?"巡曰："足下平生以忠义自许，今日之举，忠义何在!"潮惭而退。

郭子仪、李光弼还常山，史思明收散卒数万踵其后。子仪选骁骑更挑战，三日，至行唐，贼疲，乃退。子仪乘之，又败之于沙河。蔡希德至洛阳，安禄山复使将步骑二万人北就思明，又使牛廷玠发范阳等郡兵万馀人助思明，合五万馀人，而同罗、曳落河居五分之一。子仪至恒阳，思明随至，子仪深沟高垒以待之；贼来则守，去则追之，昼则耀兵，夜斫其营，贼不得休息。数日，子仪、光弼议曰："贼倦矣，可以出战。”壬午，战于嘉山，大破之，斩首四万级，捕虏千馀人。思明坠马，露髻跣足步走，至暮，杖折枪归营，奔于博陵。光弼就围之，军声大振。于是河北十馀郡皆杀贼守将而降。渔阳路再绝，贼往来者皆轻骑窃过，多为官军所获，将士家在渔阳者无不摇心。

【译文】

唐肃宗至德元年（丙申，公元756年）

令狐潮又率兵来攻打雍丘。令狐潮与张巡有交情，二人就在城下像平时见面那样互相问候，令狐潮借机对张巡说：“现在唐朝的大势已去，您还在为谁苦守危城呢？”张巡说：“你平常总是说自己如何忠义，而现在这种叛逆行为哪有一点忠义的样子？”令狐潮听后惭愧而退。

郭子仪与李光弼率兵退回常山，史思明又收罗散兵数万随后追击。郭子仪挑选骁勇善战的骑兵轮番挑战，三天以后，到了行唐县，叛军因疲劳无力再战才退兵。郭子仪乘机出击，又击败叛军于沙河县。蔡希德到了洛阳，安禄山又让他率领步、骑兵两万人向北靠近史思明，并派牛廷玠发范阳等郡兵一万多人增援史思明，合兵共五万多人，其中同罗、曳落河精兵占五分之一。郭子仪抵达恒阳，史思明也率兵追到。郭子仪凭借深沟高垒，以逸待劳，叛军来攻就固守，撤兵就追击；白天以大兵向叛军炫耀武力，夜里则派部队袭击敌营，使叛军日夜不得安宁。这样持续了数天，郭子仪与李光弼商议说："叛军已经疲劳，可以出战。"壬午（五月二十九日），两军战于嘉山，叛军大败，被杀四万人，被俘一千多人。史思明从马上坠落下来，发髻散乱，赤脚步行而逃，到了晚上，拄着折断的长枪回到军营，然后又逃奔博陵。李光弼率兵紧紧围住了博陵，军势大振。于是河北地区原先被叛军占据的十多个州郡都杀了叛军的守将而归降朝廷。范阳的归路再次被切断，叛军往来都是轻骑偷偷摸摸地通过，就是这样还大多被官军俘获，家在范阳的叛军将士都心中动摇。

【原文】

禄山大惧，召高尚、严庄诟之曰："汝数年教我反，以为万全。今守潼关，数月不能进，北路已绝，诸军四合，吾所有者止汴、郑数州而已，万全何在？汝自今勿来见我！"尚、庄惧，数日不敢见。田乾真自关下来，为尚、庄说禄山曰："自古帝王经营大业，皆有胜败，岂能一举而成！今四方军垒虽多，皆新募乌合之众，未更行陈，岂能敌我蓟北劲锐之兵，何足深忧！尚、庄皆佐命元勋，陛下一旦绝之，使诸将闻之，谁不内惧！若上下离心，臣窃为陛下危之！"禄山喜曰："阿浩，汝能豁我心事。"即召尚、庄，置酒酣宴，自为之歌以侑酒，待之如初。阿浩，乾真小字也。禄山议弃

洛阳，走归范阳，计未决。

【译文】

安禄山十分恐惧，把高尚与严庄招来骂道："数年来你们都劝我反叛，认为一定能够成功。而现在大军被阻于潼关，数月不能攻破，北归的路也被断绝，官军大集，我们所占据的只有汴州、郑州等几个州郡，如何能够取胜呢？从现在开始你们再也不要来见我！"高尚与严庄听后极为害怕，好多天都不敢去见安禄山。这时田乾真从潼关回来，为高尚、严庄说话，劝安禄山说："自古以来，凡是要成就大事业的帝王，都有胜有败，怎么能够指望一举成功呢？现在四面八方的官军虽然多，但都是新招募的乌合之众，没有操练过战阵，怎么能够比得过我们蓟北的这些精兵强将呢？您根本不用担忧。高尚、严庄都是跟随您多年的功臣元勋，陛下就这样一下子把他们抛弃，如果让诸位将领知道了，哪一个心中能不恐惧呢？如果内部分裂，上下离心，我觉得陛下的处境就危险了！"安禄山听后高兴地说："阿浩，你真能够体谅我的心事。"于是就把高尚与严庄招来，摆设宴席招待，安禄山还为他们唱歌以劝酒，仍然像以前那样对待他们。阿浩是田乾真的小名。安禄山计划放弃洛阳，率军回保范阳，但还没有下定这个决心。

【原文】

是时，天下以杨国忠骄纵召乱，莫不切齿。又，禄山起兵以诛国忠为名，王思礼密说哥舒翰，使抗表请诛国忠，翰不应。思礼又请以三十骑劫取以来，至潼关杀之。翰曰："如此，乃翰反，非禄山也。"或说国忠："今朝廷重兵尽在翰手，翰若援旗西指，于公岂不危哉！"国忠大惧，乃奏："潼关大军虽盛，而后无继，万一失利，京师可忧。请选监牧小儿三千于苑中训练。"上许之，使剑南军将李福德等领之。又募万人屯灞上，令所亲杜乾运将之，名为御贼，实备翰也。翰闻之，亦恐为国忠所图，乃表请灞上军隶潼关；六月，癸未，召杜乾运诣关，因事斩之；国忠益惧。

【译文】

这时，人们都认为安禄山叛乱是因为杨国忠骄横放纵所致，无不对杨国忠切齿痛恨。而且安禄山起兵是以讨杨国忠为名，所以王思礼就悄悄地劝哥舒翰，让他上表请求玄宗杀掉杨国忠，哥舒翰没有答应。王思礼又请求率领三十个骑兵把杨国忠劫持出京师，到潼关把他杀掉。哥舒翰说："如果这样做就是我谋反，而不是安禄山谋反。"有人劝杨国忠说："现在朝廷的重兵都在哥舒翰掌握之中，如果他挥兵西向京城，您不就危险了吗？"杨国忠大为恐惧，就上奏玄宗说：

“现在潼关虽然有大军把守，但后无援兵，一旦潼关失守，京师就难保。请求挑选监牧的士卒三千人于禁苑中训练，以应付不测。”玄宗同意，这支队伍就派剑南军将李福德等人统率。杨国忠又招募了一万人屯兵于灞上，命令他的亲信杜乾运率领，名义上是抵御叛军，实际上却是为了防备哥舒翰。哥舒翰得知后，也怕被杨国忠算计，于是就上表玄宗请求把驻扎在灞上的军队隶属潼关统一指挥。六月癸未（初一），哥舒翰把杜乾运召到潼关，借机杀了他，杨国忠更加害怕。

【原文】

会有告崔乾祐在陕，兵不满四千，皆羸弱无备，上遣使趣哥舒翰进兵复陕、洛。翰奏曰：“禄山久习用兵，今始为逆，岂肯无备！是必羸师以诱我，若往，正堕其计中。且贼远来，利在速战，官军据险以扼之，利在坚守。况贼残虐失众，兵势日蹙，将有内变，因而乘之，可不战擒也。要在成功，何必务速！今诸道征兵尚多未集，请且待之。”郭子仪、李光弼亦上言：“请引兵北取范阳，覆其巢穴，质贼党妻子以招之，贼必内溃。潼关大军，唯应固守以弊之，不可轻出。”国忠疑翰谋己，言于上，以贼方无备，而翰逗留，将失机会。上以为然，续遣中使趣之，项背相望。翰不得已，抚膺恸哭；丙戌，引兵出关。

【译文】

这时有人告诉玄宗说，崔乾祐在陕郡的兵力不到四千，都是老弱之兵，而且没有准备，玄宗就派人催促哥舒翰出兵收复陕郡和洛阳。哥舒翰上奏说："安禄山善于用兵，现在刚举兵反叛，怎么能够不设防呢？这一定是故意示弱来引诱我们。如果出兵攻打，正中了他的计谋。再说叛军远来，利在速战速决，我们据险扼守，利在长期坚持。何况叛军残暴，失去人心，兵势正向不利的局面转变，将会发生内乱，到那时再乘机进攻，就可不战而胜。我们最主要的是要取胜，那么为何要立刻出兵呢？现在各地所征的兵大多都还没有到达，请暂且等待一段时间。"郭子仪与李光弼也上言说："请让我们率兵向北攻取范阳，直捣叛军巢穴，抓住他的妻子、儿子作为人质用来招降，这样叛军内部必定大乱。坚守潼关的大军应该固守以挫敌锐气，不可轻易出战。"杨国忠怀疑哥舒翰想要谋害他，就告诉玄宗说叛军没有什么准备，而哥舒翰却逗留拖延，将要失去这个大好的战机。玄宗以为是真的，于是又派宦官去催促赶快出兵，连续不断。哥舒翰没有办法，抚胸痛哭。丙戌（初四），亲自率兵出关。

【原文】

己丑，遇崔乾祐之军于灵宝西原。乾祐据险以待之，南薄山，北阻河，隘道七十里。庚寅，官军与乾祐会战。乾祐伏兵于险，翰与田良丘浮舟中流以观军势，见乾祐兵少，趣诸军使进。王思礼等将精兵五万居前，庞忠等将馀兵十万继之，翰以兵三万登河北阜望之，鸣鼓以助其势。乾祐所出兵不过万人，什什伍伍，散如列星，或疏或密，或前或却，官军望而笑之。乾祐严精兵，陈于其后。兵既交，贼偃旗如欲遁者，官军懈，不为备。须臾，伏兵发，贼乘高下木石，击杀士卒甚众。道隘，士卒如束，枪槊不得用。翰以毡车驾马为前驱，欲以冲贼。日过中，东风暴急，乾祐以草车数十乘塞毡车之前，纵火焚之。烟焰所被，官军不能开目，妄自相杀，谓贼在烟中，聚弓弩而射之。日暮，矢尽，乃知无贼。乾祐遣同罗精骑自南山过，出官军之后击之，官军首尾骇乱，不知所备，于是大败；或弃甲窜匿山谷，或相挤排入河溺死，嚣声振天地，贼乘胜蹙之。后军见前军败，皆自溃，河北军望之亦溃。瞬息间，两岸皆空。翰独与麾下数百骑走，自首阳山西渡河入关。关外先为三堑，皆广二丈，深丈，人马坠其中，须臾而满；馀众践之以度，士卒得入关者才八千馀人。辛卯，乾祐进攻潼关，克之。

【译文】

己丑（初七），官军与崔乾祐的叛军相遇于灵宝西原。崔乾祐的军队占据着险要之地，南靠大山，北据黄河天险，有狭道七十里。庚寅（初八），官军与崔乾祐的叛军交战。崔乾祐先把精兵埋伏在险要的地方，哥舒翰与田良丘乘船在黄河中观察军情，看见崔乾祐兵少，就命令大军前进。王思礼等率领精兵五万在前，庞忠等率领其余的十万在后，哥舒翰率兵三万登上黄河北岸的高丘观察指挥，并鸣鼓助战。崔乾祐出兵不到一万，十五成群，散如诸星，有疏有密，有前有后，官军看见后都大笑叛军不会用兵。而崔乾祐却把精兵摆在阵后。两军一交战，叛军偃旗息鼓假装败逃，官军斗志松懈，毫无准备。不一会，叛军伏兵齐发，占据着高地，用滚木石块打击官军，官军死伤惨重。又因为道路狭窄，士卒拥挤，枪槊伸展不开。哥舒翰又让马拉毡车前进，去冲击叛军。过了中午，东风突然刮起，崔乾祐把数十辆草车塞于毡车之前，放火焚烧，顿时大火熊熊，烟雾蔽天，官军睁不开眼睛，敌我不分，互相冲杀，以为叛军在烟火中，就召集弓箭手和弩机手射击。持续到天黑，箭已射尽，才知道没有叛军。崔乾祐派同罗精锐骑兵过南山，从官军后面发起进攻，官军腹背受敌，首尾大乱，不知道如何抵挡，因此大败。有的丢盔弃甲逃入山谷，有的互相拥挤被推入黄河中淹死，喊声震天动地，叛军又乘胜追击。官军后面的将士看见前军大败，也纷纷溃逃，黄河北岸的军队看见了也向后逃跑，只一会儿工夫，黄河两岸的官兵都跑掉了。哥舒翰仅与部下数百骑兵得以逃脱，从首阳山西面渡过黄河，进入潼关。潼关城外先前挖了三条深沟，都是宽二丈，深一丈，过关的人马坠落沟中，很快就填满了沟，后面的人踏着他们得以通过，残兵逃入关内的才八千多人。辛卯（初九），崔乾祐率兵攻陷潼关。

【原文】

翰至关西驿，揭榜收散卒，欲复守潼关。蕃将火拔归仁等以百馀骑围驿，入谓翰曰："贼至矣，请公上马。"翰上马出驿，归仁帅众叩头曰："公以二十万众一战弃之，何面目复见天子！且公不见高仙芝、封常清乎？请公东行。"翰不可，欲下马。归仁以毛絷其足于马腹，及诸将不从者，皆执之以东。会贼将田乾真已至，遂降之，俱送洛阳。安禄山问翰曰："汝常轻我，今定何如？"翰伏地对曰："臣肉眼不识圣人。今天下未平，李光弼在常山，李祗在东平，鲁炅在南阳，陛下留臣，使以尺书招之，不日皆下矣。"禄山大喜，以翰为司空、同平章事。谓火拔归仁曰："汝叛主，不忠不义。"执而斩之。翰以书招诸将，皆复书责之。禄山知不效，乃囚诸苑中。潼关既败，于是河东、华阴、冯翊、上洛防御使皆弃郡走，所在守兵皆散。

【译文】

哥舒翰到了关西驿站，张贴告示收罗逃散的士卒，想重新守卫潼关。这时蕃人将领火拔归仁等率领一百余名骑兵包围了驿站，进去对哥舒翰说："叛军来了，请您赶快上马。"哥舒翰上马出了驿站后，火拔归仁率部下叩头说："您率领二十万军队一战而全军覆没，还有什么脸面去见天子呢？再说您没有看到封常清与高仙芝的下场吗？还不如向东去归降安禄山。"哥舒翰不同意，想要下马。火拔归仁就用毛绳把他的双脚捆绑在马肚子下，对于将领中不愿意投降的，也都捆起来押往东方。这时叛军将领田乾真赶到，火拔归仁就投降了他，被一起送往洛阳。安禄山问哥舒翰说："你过去总是看不起我，现在怎么样呢？"哥舒翰伏地而拜回答说："我凡人肉眼不识圣人。现在天下还没有平定，李光弼率兵在常山，吴王李祇在东平，鲁炅在南阳，陛下如果能够留我一条性命，让我写信招降他们，用不了多长时间就会平定。"安禄山很高兴，就拜哥舒翰为司空、同平章事。又对火拔归仁说："你背叛了你的主人，是不忠不义。"然后就杀了他。哥舒翰写信招降其他将帅，他们都复信责备他的背叛行为。安禄山知道没有什么效果，就把哥舒翰囚禁于禁苑中。潼关既已失守，于是河东、华阴、冯翊、上洛等郡的防御使都弃郡而逃，部下的守兵也纷纷各自逃命。

【原文】

是日，翰麾下来告急，上不时召见，但遣李福德等将监牧兵赴潼关。及暮，平安火不至，上始惧。壬辰，召宰相谋之。杨国忠自以身领剑南，闻安禄山反，即令副使崔圆阴具储偫，以备有急投之，至是首唱幸蜀之策。上然之。癸巳，国忠集百官于朝堂，惶懅流涕；问以策略，皆唯唯不对。国忠曰："人告禄山反状已十年，上不之信，今日之事，非宰相之过。"仗下，士民掠扰奔走，不知所之，市里萧条。国忠使韩、虢入宫，劝上入蜀。

【译文】

潼关失守的当天，哥舒翰的部下到朝廷报告情况危急，玄宗当时没有召见，只是派李福德等人率领监牧小儿组成的军队开赴潼关增援。到了晚上，没看到报告平安的烽火，玄宗才感到惧怕。壬辰（初十），玄宗把宰相召来商议对策。杨国忠因为自己兼任剑南节度使，听说安禄山反叛后，即命令节度副使崔圆暗中准备物资，以防备危急时到剑南使用，所以这时他首先提出到蜀中避难。玄宗赞成他的意见。癸巳（十一日），杨国忠召集百官于朝堂，神色惊惧，痛哭流涕地问他们有什么计策，百官都不回答。杨国忠说："人们告安禄山的反状已有十年了，但皇上总是不相信。现在事情发展到这种地步，不是宰相的过错。"罢朝后卫兵退下，这时长安城中的百姓惊慌逃命，都不知道该往哪里躲避，店铺关门，街市一片萧条。杨国忠又让韩国夫人与虢国夫人入宫，

去劝说玄宗到蜀中避难。

【原文】

甲午，百官朝者什无一二。上御勤政楼，下制，云欲亲征，闻者皆莫之信。以京兆尹魏方进为御史大夫兼置顿使；京兆少尹灵昌崔光远为京兆尹，充西京留守；将军边令诚掌宫闱管钥。托以剑南节度大使颍王璬将赴镇，令本道设储偫。是日，上移仗北内。既夕，命龙武大将军陈玄礼整比六军，厚赐钱帛，选闲厩马九百馀匹，外人皆莫之知。乙未，黎明，上独与贵妃姊妹、皇子、妃、主、皇孙、杨国忠、韦见素、魏方进、陈玄礼及亲近宦官、宫人出延秋门，妃、主、皇孙之在外者，皆委之而去。上过左藏，杨国忠请焚之，曰："无为贼守。"上愀然曰："贼来不得，必更敛于百姓，不如与之，无重困吾赤子。"是日，百官犹有入朝者，至宫门，犹闻漏声，三卫立仗俨然。门既启，则宫人乱出，中外扰攘，不知上所之。于是王公、士民四出逃窜，山谷细民争入宫禁及王公第舍，盗取金宝，或乘驴上殿，又焚左藏大盈库。崔光远、边令诚帅人救火，又募人摄府、县官分守之，杀十馀人，乃稍定。光远遣其子东见禄山，令诚亦以管钥献之。

【译文】

甲午（十二日），百官上朝的不到十分之一二。玄宗登临勤政楼，下制书说要亲自率兵征讨安禄山，听到的人都不相信。玄宗又任命京兆尹魏方进为御史大夫兼置顿使，京兆少尹灵昌人崔光远为京兆尹，兼西京留守，让将军边令诚掌管宫闱各门的钥匙。玄宗假称剑南节度大使颍王李璬将要赴镇，命令剑南道准备所用物资。当天，玄宗移居大明宫。天黑以后，玄宗命令龙武大将军陈玄礼集合禁军六军，重赏他们金钱布帛，又挑选了闲厩中的骏马九百余匹，所做的这些事情外人都不知晓。乙未（十三日），天刚亮，玄宗只与杨贵妃姊妹、皇子、皇妃、公主、皇孙、杨国忠、韦见素、魏方进、陈玄礼及亲信宦官、宫人从延秋门出发，在宫外的皇妃、公主及皇孙都弃而不顾，只管自己逃难。玄宗路过左藏库，杨国忠请求放火焚烧，并说："不要把这些钱财留给叛贼。"玄宗心情凄惨地说："叛军来了没有钱财，一定会向百姓征收，还不如留给他们，以减轻百姓们的苦难。"这一天，百官还有入朝的，到了宫门口，还能听到漏壶滴水的声音，仪仗队的卫士们仍然整齐地站在那里。待宫门打开后，看见宫人乱哄哄地出逃，宫里宫外一片混乱，都不知道皇上在哪里。于是王公贵族、平民百姓都四处逃命，山野小民争着进入皇宫及王公贵族的宅第，盗抢金银财宝，有的还骑驴

跑到殿里，放火焚烧左藏大盈库。崔光远与边令诚带人赶来救火，又招募人代理府、县长官分别守护，杀了十多个人，局势才稍微稳定下来。崔光远派他的儿子去见安禄山，边令诚也把宫中各门的钥匙献给安禄山。

【原文】

上过便桥，杨国忠使人焚桥。上曰："士庶各避贼求生，奈何绝其路！"留内侍监高力士，使扑灭乃来。上遣宦者王洛卿前行，告谕郡县置顿。食时，至咸阳望贤宫，洛卿与县令俱逃，中使征召，吏民莫有应者。日向中，上犹未食，杨国忠自市胡饼以献。于是民争献粝饭，杂以麦豆，皇孙辈争以手掬食之，须臾而尽，犹未能饱。上皆酬其直，慰劳之。众皆哭，上亦掩泣。有老父郭从谨进言曰："禄山包藏祸心，固非一日。亦有诣阙告其谋者，陛下往往诛之，使得逞其奸逆，致陛下播越。是以先王务延访忠良以广聪明，盖为此也。臣犹记宋璟为相，数进直言，天下赖以安平。自顷以来，在廷之臣以言为讳，惟阿谀取容，是以阙门之外，陛下皆不得而知。草野之臣，必知有今日久矣，但九重严邃，区区之心，无路上达。事不至此，臣何由得睹陛下之面而诉之乎！"上曰："此朕之不明，悔无所及。"慰谕而遣之。俄而尚食举御膳以至，上命先赐从官，然后食之。令军士散诣村落求食，期未时皆集而行。夜将半，乃至金城。县令亦逃，县民皆脱身走，饮食器皿具在，士卒得以自给。时从者多逃，内侍监袁思艺亦亡去。驿中无灯，人相枕藉而寝，贵贱无以复分辨。王思礼自潼关至，始知哥舒翰被擒，以思礼为河西、陇右节度使，即令赴镇，收合散卒，以俟东讨。

【译文】

玄宗一行经过便桥后，杨国忠派人放火烧桥，玄宗说："官吏百姓都在避难求生，为何要断绝他们的生路呢？"于是就把内侍监高力士留下，让他把大火扑灭后再来。玄宗派宦官王洛卿先行，告诉郡县官做好准备。到吃饭的时候，抵达咸阳县望贤宫，而王洛卿与咸阳县令都已逃跑。宦官去征召，官吏与民众都没有人来。已到了中午，玄宗还没有吃饭，杨国忠就亲自用钱买来胡饼献给玄宗。于是百姓争献粗饭，并掺杂有麦豆，皇孙们争着用手抓吃，不一会儿就吃光了，还没有吃饱。玄宗都按价给了他们金钱，并慰劳他们。众人都涕泣流泪，玄宗也禁不住哭泣。这时有一位名叫郭从谨的老人进言说："安禄山包藏祸心，阴谋反叛已经很久了。其间也有人到朝廷去告发他的阴谋，而陛下却常常把这些人杀掉，使安禄山奸计得逞，以致陛下出逃。所以先代的帝王务求延访忠良之士以广视听，就是为了这个道理。我还记得宋璟做宰相的时候，敢于犯颜直谏，所以天下得以平安无事。但从那时候以后，朝廷中的大臣都忌讳直言进谏，只是

一味地阿谀奉承，取悦陛下，所以对于宫门之外所发生的事陛下都不得而知。那些远离朝廷的臣民早知道会有今日了，但由于宫禁森严，远离陛下，区区效忠之心无法上达。如果不是安禄山反叛，事情到了这种地步，我怎么能够见到陛下而当面诉说呢？”玄宗说：“这都是我的过错，但后悔已经来不及了。”然后安慰了一番郭从谨，让他走了。不一会儿，管理皇上吃饭的官吏给玄宗送饭来了，玄宗命令先赏赐给随从的官吏，然后自己才吃。玄宗命令士卒分散到各村落去寻找食品，约好未时集合继续前进。快半夜时，到了金城县，县令和县民都已逃走，但食物和器物都在，士卒才能够吃饭。当时跟随玄宗的官吏逃跑的也很多，宦官内侍监袁思艺也逃走了。驿站中没有灯火，人们互相枕藉而睡，也不管身份的贵贱。王思礼从潼关赶到后，玄宗才知道哥舒翰被俘，于是就任命王思礼为河西、陇右节度使，命令他立刻赴任，收罗散兵，准备东进讨伐叛军。

【原文】

丙申，至马嵬驿，将士饥疲，皆愤怒。陈玄礼以祸由杨国忠，欲诛之，因东宫宦者李辅国以告太子，太子未决。会吐蕃使者二十馀人遮[①]国忠马，诉以无食，国忠未及对，军士呼曰：“国忠与胡虏谋反！”或射之，中鞍。国忠走至西门内，军士追杀之，屠割支体，以枪揭其首于驿门外，并杀其子户部侍郎暄及韩国、秦国夫人。御史大夫魏方进曰："汝曹何敢害宰相!"众又杀之。韦见素闻乱而出，为乱兵所挝[2]，脑血流地。众曰："勿伤韦相公。"救之，得免。军士围驿，上闻喧哗，问外何事，左右以国忠反对。上杖屦出驿门，慰劳军士，令收队，军士不应。上使高力士问之，玄礼对曰："国忠谋反，贵妃不宜供奉，愿陛下割恩正法。"上曰："朕当自处之。"入门，倚杖倾首而立。久之，京兆司录韦谔前言曰："今众怒难犯，安危在晷刻，愿陛下速决!"因叩头流血。上曰："贵妃常居深宫，安知国忠反谋?"高力士曰："贵妃诚无罪，然将士已杀国忠，而贵妃在陛下左右，岂敢自安！愿陛下审思之，将士安，则陛下安矣。"上乃命力士引贵妃于佛堂，缢杀之。舆尸置驿庭，召玄礼等入视之。玄礼等乃免胄释甲，顿首请罪，上慰劳之，令晓谕军士。玄礼等皆呼万岁，再拜而出，于是始整部伍为行计。谔，见素之子也。国忠妻裴柔与其幼子晞及虢国夫人、夫人子裴徽皆走，至陈仓，县令薛景仙帅吏士追捕，诛之。

【注释】

①遮：拦住、拦阻。

②挝（zhuā）：打、击。

【译文】

丙申（十四日），玄宗一行到了马嵬驿，随从的将士因为饥饿疲劳，心中怨恨愤怒。龙武大将军陈玄礼认为天下大乱都是杨国忠一手造成的，想杀掉他，就让东宫宦官李辅国转告太子，太子犹豫不决。这时有吐蕃使节二十余人拦住杨国忠的马，向他诉说没有吃的，杨国忠还没有来得及回答，士卒们就喊道："杨国忠与胡人谋反！"有人用箭射击，射中了杨国忠坐骑的马鞍。杨国忠急忙逃命，逃至马嵬驿西门内，被士兵追上杀死，并肢解了他的尸体，把头颅挂在矛上插于西门外示众，然后杀了他的儿子户部侍郎杨暄与韩国夫人、秦国夫人。御史大夫魏方进说："你们胆大妄为，竟敢谋害宰相！"士兵们又把他杀了。韦见素听见外面大乱，跑出驿门察看，被乱兵用鞭子抽打得头破血流。众人喊道："不要伤了韦相公。"前来救他，韦见素才免于一死。士兵们又包围了驿站，玄宗听见外面的喧哗之声，就问是什么事，左右侍从回答说是杨国忠谋反。玄宗拄拐杖走出驿门，慰劳军士，命令他们撤走，但军士不答应。玄宗又让高力士去问话，陈玄礼回答说："杨国忠谋反被诛，杨贵妃不应该再侍奉陛下，愿陛下能够割恩，把杨贵妃处死。"玄宗说："这件事由我自行处置。"然后进入驿站，拄着拐杖侧首而立。过了很久，京兆司录参军韦谔上前说道："现在众怒难

犯，形势十分危急，安危在片刻之间，希望陛下赶快做出决断！”说着跪下叩头，以至血流满面。玄宗说：“贵妃居住在戒备森严的宫中，不与外人交结，怎么能知道杨国忠谋反呢？”高力士说：“杨贵妃确实是没有罪，但将士们已经杀了杨国忠，而贵妃还在陛下的左右侍奉，他们怎么能够安心呢？希望陛下好好地考虑一下，将士安宁，陛下就会安全。”玄宗这才命令高力士把杨贵妃引到佛堂内，用绳子勒死了她。然后把尸体抬到驿站的庭中，召陈玄礼等人进入驿站察看。陈玄礼等人脱去甲胄，叩头谢罪，玄宗安慰他们，并命令告谕其他的军士。陈玄礼等都高喊万岁，拜了两拜而去，然后整顿军队准备继续行进。韦谔是韦见素的儿子。杨国忠的妻子裴柔与她的小儿子杨晞、虢国夫人与她的儿子裴徽都乘乱逃走，到了陈仓县，被县令薛景仙率领官吏士卒抓获杀掉。

【原文】

丁酉，上将发马嵬，朝臣惟韦见素一人，乃以韦谔为御史中丞，充置顿使。将士皆曰：“国忠谋反，其将吏皆在蜀，不可往。”或请之河、陇，或请之灵武，或请之太原，或言还京师。上意在入蜀，虑违众心，竟不言所向。韦谔曰：“还京，当有御贼之备。今兵少，未易东向，不如且至扶风，徐图去就。”上询于众，众以为然，乃从之。及行，父老皆遮道请留，曰：“宫阙，陛下家居，陵寝，陛下坟墓，今舍此，欲何之?”上为之按辔久之，乃命太子于后宣慰父老。父老因曰：“至尊既不肯留，某等愿帅子弟从殿下东破贼，取长安。若殿下与至尊皆入蜀，使中原百姓谁为之主?”须臾，众至数千人。太子不可，曰：“至尊远冒险阻，吾岂忍朝夕离左右。且吾尚未面辞，当还白至尊，更禀进止。”涕泣，跋马欲西。建宁王倓与李辅国执鞚谏曰：“逆胡犯阙，四海分崩，不因人情，何以兴复！今殿下从至尊入蜀，若贼兵烧绝栈道，则中原之地拱手授贼矣。人情既离，不可复合，虽欲复至此，其可得乎！不如收西北守边之兵，召郭、李于河北，与之并力东讨逆贼，克复两京，削平四海，使社稷危而复安，宗庙毁而更存，扫除宫禁以迎至尊，岂非孝之大者乎！何必区区温凊，为儿女之恋乎！”广平王俶亦劝太子留。父老共拥太子马，不得行。太子乃使俶驰白上。上总辔待太子，久不至，使人侦之，还白状，上曰：“天也!”乃分后军二千人及飞龙厩马从太子，且谕将士曰：“太子仁孝，可奉宗庙，汝曹善辅佐之。”又谕太子曰：“汝勉之，勿以吾为念。西北诸胡，吾抚之素厚，汝必得其用。”太子南向号泣而已。又使送东宫内人于太子，且宣旨欲传位，太子不受。俶、倓，皆太子之子也。

【译文】

丁酉（十五日），玄宗将要从马嵬驿出发，朝臣中只有韦见素一人随行，于是就任命韦谔为御史中丞，并兼任置顿使。这时将士们都说：“杨国忠谋反被杀，而他的部下都在蜀中，不能去那里避难。”有人请求去河西、陇右，有人请求去灵武，有人请求去太原，还有的请求回京师。玄宗想去蜀中，又恐怕违背众心，所以沉默不言。韦谔说：“如果要返回京师，就要有足够的兵力抵御叛军。而现在兵力单薄，不要轻易向东去。不如暂时到扶风郡，再慢慢考虑去向。”玄宗征求大家的意见，大家都同意，便准备去扶风。等到出发时，当地的父老乡亲拦在路中请求玄宗留下，并说：“森严宏伟的宫殿是陛下的家室，那些列祖列宗的陵园是陛下先人的葬地，现在都舍弃不顾，想要到哪里去呢？”玄宗骑在马上停留了很长时间，然后命令太子留在后面安慰这些父老乡民。父老们因此对太子说：“皇上既然不愿意留下来，我们愿意率领子弟跟随殿下向东讨伐叛军，收复长安。如果殿下与皇上都逃向蜀中，那么谁为中原的百姓们做主呢？”不一会儿，来到太子跟前的多达数千人。太子不肯留下，并说：“父皇冒艰历险，远出避难，我怎么忍心早晚离开他左右呢？再说我也没有当面向他辞别，我要回去告诉父皇，然后听候他的吩咐。”说着涕泣流泪，要回马西行。这时建宁王李倓与宦官李辅国拉着太子的脚进谏说：“逆胡安禄山举兵反叛，进犯长安，以至四海沸腾，国家分裂，如不服从民意，怎么能够复兴大唐天下呢？现在殿下随从皇上入蜀中避

难，如果叛军焚烧断绝了通向蜀中的栈道，那么中原大地就拱手送给叛军了。人心既已分离，就再难重新聚合，到那时就是想要有所作为，恐怕也不可能了。不如现在收聚西北边防的镇兵，召集郭子仪与李光弼在河北地区的兵力，与他们合兵东讨叛贼，收复两京，平定四海，挽救国家于危难之中，使大唐的帝业毁而重兴，然后再打扫宫殿，迎接皇上返回京师，这难道不是最好的孝顺行为吗？何必因为区区温情，而作儿女之恋呢？”广平王李俶也劝太子留下来。父老乡亲们都拦住太子的马，使他无法前行。于是太子就让广平王李俶驰马去报告玄宗。玄宗骑在马上等待太子，久等不见，就派人去打听，被派去的人回来报告了太子的情况，玄宗说：“这真是天意！”于是从后军中分出两千人，再加上一批最好的飞龙厩马给予太子，并且告谕将士说：“太子仁义孝顺，能够继承我们大唐的帝业，希望你们好好辅佐他。”然后又告谕太子说：“希望你好自为之，不要为我而担心。西北地区的各族胡人，我一直待他们厚道，你一定能用得上。”太子听后向南号叫哭泣。玄宗又派人把太子东宫中的宫女送给太子，并且宣旨说要传帝位给太子，太子不接受。广平王李俶和建宁王李倓都是太子的儿子。

【原文】

己亥，上至岐山。或言贼前锋且至，上遽过，宿扶风郡。士卒潜怀去就，往往流言不逊，陈玄礼不能制，上患之。会成都贡春彩十馀万匹，至扶风，上命悉陈之于庭，召将士入，临轩谕之曰：“朕比来衰耄，托任失人，致逆胡乱常，须远避其锋。知卿等皆苍猝从朕，不得别父母妻子，茇涉至此，劳苦至矣，朕甚愧之。蜀路阻长，郡县褊小，人马众多，或不能供，今听卿等各还家；朕独与子、孙、中官前行入蜀，亦足自达。今日与卿等诀别；可共分此彩以备资粮。若归，见父母及长安父老，为朕致意，各好自爱也!”因泣下沾襟。众皆哭，曰：“臣等死生从陛下，不敢有贰!”上良久曰：“去留听卿。”自是流言始息。

【译文】

己亥（十七日），玄宗到达岐山县。这时有人传言说叛军的前锋立刻就到，玄宗不敢停留，继续前行，晚上宿于扶风郡。随从保驾的士卒暗谋出路，往往出言不逊，龙武大将军陈玄礼无力控制，玄宗十分担忧。适逢成都进献给朝廷的春织丝绸十余万匹到了扶风，玄宗命令把这些丝绸都陈放在庭院中，召来随从将士，然后在殿前的台阶上告诉他们说：“朕近年来由于衰老，任人失当，以致造成安禄山举兵反叛，逆乱天常，朕不得不远行避难，躲避兵锋。朕知道你们仓促之间跟随出来，来不及与自己的父母妻子告别，跋涉到了这里，非常辛苦，朕感到十分惭愧。去蜀中的道路艰险遥远，

而且那里地方狭小，难以供应如此众多的人马，现在允许你们各自回家，朕只与儿子、孙子以及侍奉的宦官前往蜀中，这些人也足以保护朕到达。现在就与你们分别了，你们可把这些丝绸分掉作为资费。如果你们回去，见到自己的父母与长安城中的父老们，请代朕向他们问好，让他们多多保重！”说着泪流沾襟。将士们听完玄宗的话后，都哭着说：“我们生死在所不惜，愿意永远跟随陛下，不敢有二心！”玄宗等了一会儿说：“去留听从你们自愿。”从此，那些不恭敬的言语就得以平息了下来。

【原文】

太子既留，莫知所适。广平王俶曰：“日渐晏，此不可驻，众欲何之?”皆莫对。建宁王倓曰：“殿下昔尝为朔方节度大使，将吏岁时致启，倓略识其姓名。今河西、陇右之众皆败降贼，父兄子弟多在贼中，或生异图。朔方道近，士马全盛，裴冕衣冠名族，必无贰心。贼入长安方虏掠，未暇徇地，乘此速往就之，徐图大举，此上策也。”众皆曰：“善!”至渭滨，遇潼关败卒，误与之战，死伤甚众。已，乃收余卒，择渭水浅处，乘马涉渡，无马者涕泣而返。太子自奉天北上，比至新平，通夜驰三百馀里，士卒、器械失亡过半，所存之众不过数百。新平太守薛羽弃郡走，太子斩之。是日至安定，太守徐縠亦走，又斩之。

太子至乌氏，彭原太守李遵出迎，献衣及糗粮。至彭原，募士，得数百人。是日至平凉，阅监牧马，得数万匹，又募士，得五百馀人，军势稍振。

【译文】

太子留下来以后，不知道该往哪里去。广平王李俶说："天已经快黑了，此地不宜久留，大家觉得到哪里去好呢？"众人都不说话。这时建宁王李倓说："殿下过去曾经做过朔方节度大使，朔方镇的将领官吏每年送来问安书，我大略记得他们的姓名。现在河西与陇右的兵士都因战败投降了叛军，父兄子弟多有在叛军中，到那里去恐怕有危险。而朔方距离较近，军队完好，兵马强盛，再说河西行军司马裴冕出自世家大族，一定不会有二心。叛军进入长安正在大肆抢掠财物，还顾不上向外攻城略地，趁此机会应该立刻往朔方，到那里以后再图谋大计，这是最好的策略。"大家听后都说："好！"到了渭河岸边，遇上了潼关战败后退下来的士卒，误以为是叛军而交战，死伤了许多人。不久弄清楚后，就又收罗散兵，选择了一处水浅的地方，乘马渡过渭水，没有马匹的人只好流泪而返回。太子从奉天县向北，到达新平，一夜行进了三百里，士卒和武器装备已丢失大半，留下来的人也不过数百。新平太守薛羽弃郡逃跑，被太子杀掉。当天到了安定郡，太守徐瑴也要逃跑，太子又把他杀了。

太子到了乌氏县，彭原太守李遵出来迎接，并献上衣服和干粮。到了彭原，招募了数百名士卒。当天到了平凉郡，太子察看监牧所养的马，得到数万匹，又招募士卒五百余人，军势稍微得到了加强。

【原文】

安禄山不意上遽西幸，遣使止崔乾祐兵留潼关，凡十日，乃遣孙孝哲将兵入长安，以张通儒为西京留守，崔光远为京兆尹，使安忠顺将兵屯苑中，以镇关中。孝哲为禄山所宠任，尤用事，常与严庄争权。禄山使监关中诸将，通儒等皆受制于孝哲。孝哲豪侈，果于杀戮，贼党畏之。禄山命搜捕百官、宦者、宫女等，每获数百人，辄以兵卫送洛阳。王、侯、将、相扈从车驾、家留长安者，诛及婴孩。陈希烈以晚节失恩，怨上，与张均、张垍等皆降于贼。禄山以希烈、垍为相，自馀朝士皆授以官。于是贼势大炽，西胁汧、陇，南侵江、汉，北割河东之半。然贼将皆粗猛无远略，既克长安，以为得志，日夜纵酒，专以声色宝贿为事，无复西出之意，故上得安行入蜀，太子北行亦无追迫之患。

【译文】

安禄山没料想玄宗那么快就会西去避难，就派人让崔乾祐留兵潼关，十天后才派孙孝哲率兵进入长安，任命张通儒为西京留守，崔光远为京兆尹，派安忠顺率重兵驻守在禁苑中，以镇抚关中地区。孙孝哲是安禄山最宠信的心腹，喜欢专权用事，常常与严庄争权。安禄山派孙孝哲监督关中诸将帅的军队，张通儒等人都受他的节制。孙孝哲性情粗犷，处事果断，用刑严厉，叛军将领都十分害怕他。安禄山命令搜捕朝臣、宦官和宫女等，每抓到数百人时，就派兵护送到洛阳。对于跟随玄宗避难而家还留在长安的王侯将相，连婴儿也杀死。陈希烈因为晚年失去玄宗的信任，所以心中怨恨，就与张均、张垍兄弟等人投降了叛军。安禄山任命陈希烈、张垍为宰相，其余投降的朝臣都授以官职。因此叛军的势力大盛，向西威胁汧阳、陇州，向南侵扰长江与汉水流域，向北占领了河东道的一半。但是叛军将领勇猛有余，而智谋不足，既已攻陷长安，志骄意满，日夜纵酒取乐，沉湎于声色珍宝，再也没有向西进攻的意图，所以玄宗得以安全地逃入蜀中，而太子北上也不必担心敌军的追赶和逼迫。

【原文】

李光弼围博陵未下，闻潼关不守，解围而南。史思明踵其后，光弼击却之，与郭子仪皆引兵入井陉，留常山太守王俌将景城、河间团练兵守常山。平卢节度使刘正臣将袭范阳，未至，史思明引兵逆击之，正臣大败，弃妻子走，士卒死者七千馀人。初，颜真卿闻河北节度使李光弼出井陉，即敛军还平原，以待光弼之命。闻郭、李西入井陉，真卿始复区处河北军事。

【译文】

李光弼率兵攻打博陵，没有攻克，得知潼关失守，便撤兵向南退去。史思明率兵追击，被李光弼击退，李光弼与郭子仪都率兵入井陉关，留下常山太守王俌率领景城与河间郡的团练兵守卫常山。平卢节度使刘正臣将要袭击范阳，军队还未到，史思明就率兵来阻击，刘正臣大败，丢弃妻子和儿子而逃，部下士卒七千余人战死。当初颜真卿听说河北节度使李光弼率兵出井陉关，就收兵回平原，等待李光弼的命令。此时得知郭子仪与李光弼又率兵西入井陉关，颜真卿就重新开始谋划河北地区反抗叛军的军事行动。

【原文】

太子之平凉数日，朔方留后杜鸿渐、六城水陆运使魏少游、节度判官崔漪、支度判官卢简金、盐池判官李涵相与谋曰："平凉散地，非屯兵之所，灵武兵食完富，若迎太子至此，北收诸城兵，西发河、陇劲骑，南向以定中原，此万世一时也。"乃使涵奉笺于太子，且籍朔方士马、甲兵、谷帛、军须之数以献之。涵至平凉，太子大悦。会河西司马裴冕入为御史中丞，至平凉见太子，亦劝太子之朔方，太子从之。

鸿渐，暹之族子；涵，道之曾孙也。鸿渐、漪使少游居后，葺次舍，庀资储，自迎太子于平凉北境，说太子曰：“朔方，天下劲兵处也。今吐蕃请和，回纥内附，四方郡县大抵坚守拒贼以俟兴复。殿下今理兵灵武，按辔长驱，移檄四方，收揽忠义，则逆贼不足屠也。”少游盛治宫室，帷帐皆仿禁中，饮膳备水陆。秋，七月辛酉，太子至灵武，悉命撤之。

【译文】

太子李亨到达平凉数天以后，朔方留后杜鸿渐、六城水陆运使魏少游、节度判官崔漪、支度判官卢简金与盐池判官李涵等人商议说：“平凉地势平坦，不是屯驻军队之地，而灵武兵强粮足，如果把太子迎接到该地，向北召集诸郡之兵，向西征发河西、陇右的精锐骑兵，然后挥师南下，平定中原，这实在是千载难逢的大好时机。”于是就派李涵持笺表上书太子，并且把朔方镇的士卒、马匹、武器、粮食、布帛以及其他军用物资的账目一同献给了太子。李涵到平凉见太子后，太子非常高兴。这时河西司马裴冕入朝为御史中丞，路过平凉见到太子，也奉劝太子去朔方，太子同意了。杜鸿渐是杜暹同族的侄子。李涵是李道的曾孙。杜鸿渐与崔漪让魏少游留下来修葺房舍，准备食物用具，自己去平凉的北面去迎接太子，并对太子说：“朔方镇是天下精兵强将所聚之地。现在境外吐蕃求和，回纥归附，境内的郡县大都坚

守城池，抵御叛军，等待大唐王朝的复兴。殿下如果能够集兵于灵武，然后挥师长驱，南下平叛，向四方郡县发布檄文，收揽忠义之士，则反叛的逆贼就不难平定。”魏少游留下来后，大力修治官室，就连所用的帐幕都模仿皇宫中的样子，所备的饮食水陆之物具备。秋季，七月辛酉（初九），太子到达灵武，命令把这些奢侈品全部都撤去。

【原文】

裴冕、杜鸿渐等上太子笺，请遵马嵬之命，即皇帝位，太子不许。冕等言曰：“将士皆关中人，日夜思归，所以崎岖从殿下远涉沙塞者，冀尺寸之功。若一朝离散，不可复集。愿殿下勉徇众心，为社稷计！”笺五上，太子乃许之。是日，肃宗即位于灵武城南楼，群臣舞蹈，上流涕歔欷。尊玄宗为上皇天帝，赦天下，改元。以杜鸿渐、崔漪并知中书舍人事，裴冕为中书侍郎、同平章事。改关内采访使为节度使，徙治安化，以前蒲关防御使吕崇贲为之。以陈仓令薛景仙为扶风太守，兼防御使；陇右节度使郭英乂为天水太守，兼防御使。时塞上精兵皆选入讨贼，惟余老弱守边，文武官不满三十人，披草莱，立朝廷，制度草创，武人骄慢。大将管崇嗣在朝堂，背阙而坐，言笑自若，监察御史李勉奏弹之，系于有司。上特原之，叹曰：“吾有李勉，朝廷始尊！”勉，元懿之曾孙也。旬日间，归附者渐众。

【译文】

裴冕、杜鸿渐等人向太子上笺表，请求他遵照玄宗在马嵬驿的命令即皇帝位，太子不同意。裴冕等人对太子说："殿下所率领的将士都是关中人，日夜思念着家乡，他们之所以经历艰险跟随殿下到这种荒漠僻城中来，就是希望能够建功立业。这些人一旦离散，就难以再聚集到一起。希望殿下能够顺应人心，也为国家着想！"一连五次上笺奏，太子才同意。当天，肃宗于灵武城南楼即帝位，群臣拜舞，肃宗也流涕嘘唏。尊称玄宗为上皇天帝，大赦天下，改天宝十五载为至德元载。肃宗任命杜鸿渐、崔漪为中书舍人，裴冕为中书侍郎、同平章事。改关内采访使为节度使，把治所迁至安化郡，任命前蒲关防御使吕崇贲为节度使。又任命陈仓县令薛景仙为扶风太守，兼防御使；陇右节度使郭英乂为天水太守，兼防御使。当时塞外的精兵都回内地讨伐叛军，只剩下老弱残兵防守边疆，文武官吏不到三十人，他们披荆斩棘，建立朝廷，但因为制度草创，武人骄横傲慢。大将管崇嗣在朝堂中背着宫阙而坐，言笑自若，监察御史李勉上奏弹劾他，并把他关了起来。肃宗特下令赦免了管崇嗣，并感叹说："我因为有李勉这样的人，朝廷才开始有尊严！"李勉是李元懿的曾孙。肃宗即帝位后十多天内，归附的人越来越多。

【原文】

安禄山使孙孝哲杀霍国长公主及王妃、驸马等于崇仁坊，刳其心，以祭安庆宗。凡杨国忠、高力士之党及禄山素所恶者皆杀之，凡八十三人。或以铁棓揭其脑盖，流血满街。己巳，又杀皇孙及郡、县主二十馀人。

【译文】

安禄山让孙孝哲于长安崇仁坊杀了霍国长公主以及王妃、驸马等人，挖下他们的心肝，用来祭奠安庆宗。凡是杨国忠、高力士的亲信党羽以及安禄山平时憎恨的人都被他们杀掉，总共八十三人。有的被叛军用铁棒揭去脑盖，以至血流满街。己巳（十七日），叛军又杀死皇孙及郡主、县主二十多人。

【原文】

初，京兆李泌，幼以才敏著闻，玄宗使与忠王游。忠王为太子，泌已长，上书言事。玄宗欲官之，不可；使与太子为布衣交，太子常谓之先生。杨国忠恶之，奏徙蕲春，后得归隐，居颍阳。上自马嵬北行，遣使召之，谒见于灵武，上大喜。出则联辔，寝则对榻，如为太子时，事无大小皆咨之，言无不从，至于进退将相亦与之议。上欲以泌为右相，泌固辞，曰："陛下待以宾友，则贵于宰相矣，何必屈其志！"上乃止。

【译文】

当时，京兆人李泌年幼时因为才华聪敏而闻名于世，玄宗就让他与忠王同游。忠王被册封为太子的时候，李泌年岁已经很大了，曾上书议论政事。玄宗想要授予他官职，但被他给拒绝了。玄宗只好让他以平民的身份与太子为友，太子常常称他为先生。李泌的所作所为使杨国忠憎恨，杨国忠上奏把他迁移到蕲春郡。后来李泌隐居家乡，居住在颍阳县。肃宗从马嵬驿北上后，派人去召李泌，李泌在灵武晋见肃宗。肃宗很高兴，与李泌出则并马而行，寝则对榻而眠，仍然像自己做太子的时候一样，事无大小都要先征求李泌的意见，而且言听计从，甚至将相的任免都与他商议。肃宗想要任命李泌为右相，李泌坚辞不受，并说："陛下像对待宾客朋友那样对待我，比任命我为宰相还要高贵，何必要违背我的意愿呢？"肃宗这才罢休。

【原文】

令狐潮围张巡于雍丘，相守四十馀日，朝廷声问不通。

潮闻玄宗已幸蜀，复以书招巡。有大将六人，官皆开府、特进，白巡以兵势不敌，且上存亡不可知，不如降贼。巡阳许诺。明日，堂上设天子画像，帅将士朝之，人人皆泣。巡引六将于前，责以大义，斩之。士心益劝。

中城矢尽，巡缚藁为人千馀，被以黑衣，夜缒城下，潮兵争射之，久乃知其藁人，得矢数十万。其后复夜缒人，贼笑不设备，乃以死士五百斫潮营。潮军大乱，焚垒而遁，追奔十馀里。潮惭，益兵围之。

【译文】

令狐潮率兵在雍丘包围张巡，张巡坚守了四十多天，与朝廷断绝了联系。令狐潮得知玄宗已逃往蜀中，就又写信招降张巡。张巡有大将六人，官职都是开府、特进，他们劝张巡说，我们的兵力十分弱小，难以抵挡叛军，而且皇上下落不明，不如投降。张巡假装允诺。次日，在堂上悬挂皇上的画像，率领将士朝拜，大家都泣不成声。然后张巡把六位部将带到前面，责备他们不忠不义，并杀死了他们。从此军心更加坚定。

城中的箭早已用完，张巡就命令士卒用稻草扎成一千多个小草人，给他们穿上黑色的衣服，夜晚用绳子把它们放到城下，令狐潮的军队争相射击，过了很长的一段时间后才发现是草人。这样用智取利箭十万多支。后来又用绳子把人放下城头，受到叛军嘲笑，他们以为这些还都是草人，不加以防范，于是张巡用五百名敢死之士袭击叛军的大营。令狐潮的军队顿时大乱，烧掉营垒逃跑，张巡率兵追打了十多里才撤回。令狐潮兵败，又气又恼，就又增兵把雍丘紧紧地包围了起来。

【原文】

巡使郎将雷万春于城上与潮相闻，贼弩射之，面中六矢而不动。潮疑其木人，使谍问之，乃大惊，遥谓巡曰："向见雷将军，方知足下军令矣，然其如天道何！"巡谓之曰："君未识人伦，焉知天道！"未几，出战，擒贼将十四人，斩首百馀级。贼乃夜遁，收兵入陈留，不敢复出。

顷之，贼步骑七千馀众屯白沙涡，巡夜袭击，大破之。还，至桃陵，遇贼救兵四百馀人，悉擒之。分别其众，妫、檀及胡兵，悉斩之；荥阳、陈留胁从兵，皆散令归业。旬日间，民去贼来归者万馀户。

【译文】

张巡让郎将雷万春在城头上与令狐潮谈话，叛军乘机用弩机射击雷万春，他们射中了他脸上六处，雷万春仍旧巍然挺立不动。令狐潮怀疑他是木头人，就派兵去侦察，得知的确是雷万春，感到很惊讶，远远对张巡说道："刚才看见雷将军，才知道您的军令是多么森严，然而这对于天道又能怎么样呢？”张巡回答说：“你已丧尽人伦，难道还有资格谈论什么天道吗！”不久张巡又率兵出战，擒获叛将十四人，杀死一百多人。于是叛军乘夜逃亡，收兵入保陈留，不敢再出来应战。

不久后，叛军步兵、骑兵七千多人进驻白沙涡，张巡夜间率兵偷袭，大败叛军。张巡回军到桃陵，又与四百多名叛军救兵相遇，全部将其俘虏。张巡把这些叛军分开，将其中的妫州、檀州兵以及胡兵全部杀死；荥阳、陈留的胁从兵则予以遣散，令他们各归旧业。十日之内，民众脱离叛军来归附张巡的达一万多户。

【原文】

颜真卿以蜡丸达表于灵武。以真卿为工部尚书兼御史大夫，依前河北招讨、采访、处置使，并致赦书，亦以蜡丸达之。真卿颁下河北诸郡，又遣人颁于河南、江、淮。由是诸道始知上即位于灵武，徇国之心益坚矣。

郭子仪等将兵五万自河北至灵武，灵武军威始盛，人有兴复之望矣。八月，壬午期，以子仪为武部尚书、灵武长史，以李光弼为户部尚书、北都留守，并同平章事，馀如故。光弼以景城、河间兵五千赴太原。

【译文】

颜真卿派使者把蜡丸密封表送到灵武。肃宗任命颜真卿为工部尚书兼御史大夫，仍为河北招讨、采访、处置使，并致敕书，也用蜡丸密封送给颜真卿。颜真卿把敕书颁下河北地区的各郡，同时又派人颁下河南与江、淮地区的各郡。因此各地才知道肃宗已于灵武即帝位，为国坚守，抗击叛军的信心就更加坚定了。

郭子仪等率兵五万从河北到达灵武，灵武的军力开始越来越强盛起来，人们才发觉大唐的复兴有了希望。八月壬午朔（初一），肃宗任命郭子仪为武部尚书、灵武长史，李光弼为户部尚书、北都留守，二人并列为同平章事，其他所任的职务仍然像以前一样。李光弼率领景城、河间兵五千赴太原。

【原文】

先是，河东节度使王承业军政不修，朝廷遣侍御史崔众交其兵，寻遣中使诛之。众侮易承业，光弼素不平。至是，敕交兵于光弼，众见光弼，不为礼，又不时交兵，光弼怒，收斩之，军中股栗。

癸巳，灵武使者至蜀，上皇喜曰："吾儿应天顺人，吾复何忧！"丁酉，制："自今改制敕为诰，表疏称太上皇。

四海军国事，皆先取皇帝进止，仍奏朕知，俟克复上京，朕不复预事。”己亥，上皇临轩，命韦见素、房琯、崔涣奉传国宝玉册诣灵武传位。

【译文】

先前，河东节度使王承业不理军务，朝廷派侍御史崔众收缴了他的兵权，过了一段时间又派宦官去诛杀他。崔众以前曾经侮辱过王承业，李光弼早对他愤懑不平。这时，肃宗下敕书命令崔众把兵权交给了李光弼，而崔众看到李光弼以后，既不行礼，也不按时交出兵权，李光弼很愤怒，就把崔众抓起来给杀死了，因此军中都对李光弼十分畏惧。

癸巳（十二日），灵武派出的使者到了蜀中，玄宗兴奋地说道：“我的儿子顺应天命人心，即皇帝位，我还有什么感到忧虑的呢？”丁酉（十六日），玄宗下制书说：“从今以后改制敕为诰，所上的表疏称太上皇。国家的军政大事都先听候皇帝的处置，然后再奏报朕。等收复了京城以后，朕就不再理政事。”己亥（十八日），玄宗亲临殿前的台阶，命令韦见素、房琯与崔涣奉送传国玉玺与玉册往灵武传皇帝位。

【原文】

初，上皇每酺宴，先设太常雅乐坐部、立部，继以鼓吹、胡乐、教坊、府县散乐、杂戏，又以山车、陆船载乐往来；又出宫人舞《霓裳羽衣》；又教舞马百匹，衔杯上寿；又引犀象人场，或拜，或舞。安禄山见而悦之，既克长安，命搜捕乐工，运载乐器、舞衣，驱舞马、犀、象皆诣洛阳。

禄山宴其群臣于凝碧池，盛奏众乐。梨园弟子往往歔欷泣下，贼皆露刃睨之。乐工雷海清不胜悲愤，掷乐器于地，西向恸哭。禄山怒，缚于试马殿前，支解之。

禄山闻向日百姓乘乱多盗库物，既得长安，命大索三日，并其私财尽掠之。又令府县推按，铢两之物无不穷治，连引搜捕，支蔓无穷，民间骚然，益思唐室。

【译文】

当初，玄宗每当聚会宴请的时候，先让太常雅乐的坐部和立部演奏，然后是鼓吹曲、胡人乐、教坊、京兆府长安与万年两县的散乐以及杂戏；又让做成山状的山车和旱船载着乐队来来往往地演奏着；又让宫女表演《霓裳羽衣舞》；又让一百匹舞马嘴里衔杯跳舞祝寿；又让犀牛和大象入场跳舞、朝拜。安禄山看了以后很高兴，攻下长安，就命令部下搜捕乐工，运送乐器、舞衣，驱赶舞马、犀牛和大象，全部都送到洛阳来。

安禄山于凝碧池设宴招待他的臣下，盛奏各种各样的乐曲，梨园弟子往往唏嘘哭泣，叛军都露出刀，斜眼看他们。

曲，梨园弟子往往唏嘘哭泣，叛军都露出刀，斜眼监视他们。乐工雷海清十分悲痛，把乐器扔在地上，向西痛哭。安禄山特别愤怒，命令把雷海清捆在试马殿前，肢解了他的身体。

安禄山听说长安城陷时老百姓多趁乱盗窃府库中的财宝，攻克长安以后，命令部下大肆搜索三天，连百姓的私有财产也被掠夺一空。又命令府县官审讯逼供，一点财物也要追究到底，并大肆搜捕，株连很多人，以至于民不聊生，更加想念大唐王朝。

黄巢兵败（卷二百五十六◎唐纪七十二）

【原文】

唐僖宗中和四年

甲辰，武宁将李师悦与尚让追黄巢至瑕丘，败之。巢众殆尽，走至狼虎谷，丙午，巢甥林言斩巢兄弟妻子首，将诣时溥，遇沙陀博野军，夺之，并斩言首以献于溥。

蔡州节度使秦宗权纵兵四出，侵噬邻道。天平节度使朱瑄，有众三万，从父弟瑾，勇冠军中。宣武节度使朱全忠为宗权所攻，势甚窘，求救于瑄，瑄遣瑾将兵救之，败宗权于合乡。全忠德之，与瑄约为兄弟。

【译文】

唐僖宗中和四年（甲辰，公元884年）

甲辰（六月十五日），武宁将军李师悦与尚让追击黄巢到瑕丘，打败黄巢。黄巢的人马所剩无几，逃到泰山东南部的狼虎谷。丙午（十七日），黄巢的外甥林言斩下黄巢和黄巢的兄弟、妻子的头颅，正要拿着送到时溥那，遇上了沙陀人博野军，将黄巢等人的头颅夺了过去，并且砍下林言的脑袋，一同献给了时溥。

蔡州节度使秦宗权放纵士兵四出骚扰，侵犯邻近各道。天平节度使朱瑄，有人马三万，堂弟朱瑾勇猛过人，在军营中称作第一。宣武节度使朱全忠受到秦宗权的进攻，处境很紧迫，向朱瑄求救，朱瑄派遣朱瑾带领军队前往救援，在合乡打败了秦宗权，朱全忠十分地感激他，便与朱瑄结为兄弟。

【原文】

秋，七月壬午，时溥遣使献黄巢及家人首并姬妾，上御大玄楼受之。宣问姬妾："汝曹皆勋贵子女，世受国恩，何为从贼？"其居首者对曰："狂贼凶逆，国家以百万之众，失守宗祧，播迁巴、蜀；今陛下以不能拒贼责一女子，置公卿将帅于何地乎！"上不复问，皆戮之于市。人争与之酒。其馀皆悲怖昏醉，居首者独不饮不泣，至于就刑，神色肃然。

【译文】

秋季，七月，壬午（二十四日），时溥派遣使臣进献黄巢和他家人的头颅以及他的姬妾，唐僖宗亲临成都大玄楼接受进献。僖宗向黄巢的众姬问话："你们都是显贵人家的子女，世代接受国家的恩惠，为什么还要跟随贼寇呀？"站在前面的一位回答道："贼寇逞凶作乱，大唐王朝有百万军队，却不能坚守祖庙，流落到巴蜀一带。今天陛下责备一个女子不能抗拒贼寇，那么朝中的王公大臣、将军统帅们又会怎么说呢？"僖宗不再往下问，下令全部将她们在集市杀死。人们争着给黄巢的姬妾送酒。其余的人都感到恐惧悲痛，喝得酩酊大醉，只有站在前面的那位既不喝酒也不哭泣，到了就刑之时，神态脸色十分肃穆坦然。

举国混战（卷二百六十二◎唐纪七十八）

【原文】

唐昭宗天复元年

春，正月，乙酉朔，王仲先入朝，至安福门，孙德昭擒斩之，驰诣少阳院，叩门呼曰："逆贼已诛，请陛下出劳将士。"何后不信，曰："果尔，以其首来！"德昭献其首，上乃与后毁扉而出。崔胤迎上御长乐门楼，帅百官称贺。周承诲擒刘季述、王彦范继至，方诘责，已为乱梃所毙。薛齐偓赴井死，出而斩之。灭四人之族，并诛其党二十馀人。宦官奉太子匿于左军，献传国宝。上曰："裕幼弱，为凶竖所立，非其罪也。"命还东宫，黜为德王，复名裕。丙戌，以孙德昭同平章事，充静海节度使，赐姓名李继昭。

丁亥，崔胤进位司徒，胤固辞。上宠待胤益厚。

己丑，朱全忠闻刘季述等诛，折程岩足，械送京师，并刘希度、李奉本等皆斩于都市，由是益重李振。

【译文】

唐昭宗天复元年（辛酉，公元901年）

春季，正月，乙酉（初一），右军中尉王仲先入宫朝见，行至安福门，孙德昭将他捉住给杀死，随即快马奔赴少阳院，敲门高喊着："逆贼王仲先已被杀死，请陛下出来慰劳将士。"何皇后听了不相信，说："若果然是这样，将他的首级拿过来！"孙德昭献上王仲先的首级，昭宗才与何皇后毁坏门扇走了出来。崔胤迎接昭宗登上长乐门楼，率领文武百官称颂庆贺。正在这个时候，周承诲捉获了刘季述、王彦范接着来到，昭宗刚责问他们的谋逆罪行，这二人就已被乱棍给打死了。薛齐偓投井自杀，被捞出来斩了首级。诛灭王仲先、刘季述、王彦范、薛齐偓四人全家，并把他们的党羽二十余人给处死。宦官侍奉太子藏在左军之中，把传国宝玺贡献了出来。昭宗说："李裕年幼懦弱，被凶恶小人立为皇帝，不是他的罪过。"命令他回东宫，被废黜为德王，并恢复旧名李裕。丙戌（初二），唐昭宗任命孙德昭为同平章事，担任静海节度使，赐姓名为李继昭。

丁亥（初三），朝廷晋升崔胤为司徒，崔胤坚决推让。从此以后，昭宗对崔胤的宠信待遇便更加深厚了。

己丑（初五），朱全忠听说刘季述等人被杀，就把程岩

的双脚给折断了，戴上刑具解送到京师长安，连同刘希度、李奉本等，都在闹市中处死，朱全忠由此越来越看重李振。

【原文】

刘季述、王仲先既死，崔胤、陆扆上言：“祸乱之兴，皆由中官典兵。乞令胤主左军，扆主右军，则诸侯不敢侵陵，王室尊矣。”上犹豫两日未决。李茂贞闻之，怒曰：“崔胤夺军权未得，已欲翦灭诸侯！”上召李继昭、李继诲、李彦弼谋之，皆曰：“臣等累世在军中，未闻书生为军主；若属南司，必多所变更，不若归之北司为便。”上乃谓胤、扆曰：“将士意不欲属文臣，卿曹勿坚求。”于是以枢密使韩全诲、凤翔监军使张彦弘为左、右中尉。全诲，亦前凤翔监军也。又征前枢密使致仕严遵美为两军中尉、观军容处置使。遵美曰：“一军犹不可为，况两军乎！”固辞不起。以袁易简、周敬容为枢密使。

【译文】

刘季述、王仲先已死，崔胤、陆扆向昭宗进言说道：“祸乱的发生，都是由于宦官主管军队。请示皇上让崔胤主管左军，陆扆主管右军，这样，诸侯就不敢再侵犯，朝廷就得到尊崇了。”昭宗犹豫了两天，没做出决定。李茂贞听说此事，勃然大怒说："崔胤军权没有得到，已经想要消灭诸侯了！"昭宗召集李继昭、李继诲、李彦弼商量，都说："我等数世在军队中任职，没有听说过书生担任军队的主帅。如果把军队隶属于南司，一定会有很多事变，倒不如把军队归北司掌管更方便。"昭宗便对崔胤、陆扆说："将士们不愿隶属于文臣，卿等不要再坚决要求了。"于是，昭宗任命枢密使韩全诲为左军中尉，凤翔监军使张彦弘为右军中尉。韩全诲以前也是凤翔监军。朝廷又征召告老在家的前枢密使严遵美为左、右两军中尉、观军容处置使。严遵美说："一军还不能掌管，更何况是两军呢！"坚决辞谢不出。朝廷任命袁易简、周敬容为枢密使。

【原文】

朱全忠既服河北，欲先取河中以制河东。己亥，召诸将谓曰："王珂驽材，恃太原自骄汰。吾今断长蛇之腰，诸君为我以一绳缚之！"庚子，遣张存敬将兵三万自汜水渡河出含山路以袭之，全忠以中军继其后。戊申，存敬至绛州。晋、绛不意其至，皆无守备，庚戌，绛州刺史陶建钊降之；壬子，晋州刺史张汉瑜降之。全忠遣其将侯言守晋州，何絪守绛州，屯兵二万以扼河东援兵之路。朝廷恐全忠西入关，急赐诏和解之，全忠不从。

珂遣间使告急于李克用，道路相继。克用以汴兵先据

晋、绛，兵不得进。珂妻遗克用书曰："儿旦暮为俘虏，大人何忍不救！"克用报曰："今贼兵塞晋、绛，众寡不敌，进则与汝两亡，不若与王郎举族归朝。"珂又遗李茂贞书，言："天子新返正，诏藩镇无得相攻，同奖王室。今朱公不顾诏命，首兴兵相加，其心可见。河中若亡，则同、华、邠、岐俱不自保。天子神器拱手授人，其势必然矣。公宜亟帅关中诸镇兵，固守潼关，赴救河中。仆自知不武，愿于公西偏授一小镇，此地请公有之。关中安危，国祚修短，系公此举，愿审思之！"茂贞素无远图，不报。

【译文】

朱全忠已经降服河北，想要先夺取河中来控制河东。己亥（十五日），召集属下诸将说："王珂是个平庸无能的人，依仗他的岳夫太原李克用，骄横奢侈。我现在要攻打河中，就像砍断长蛇的腰一样，诸位替我用一根绳索把它给捆绑起来吧！"庚子（十六日），朱全忠派遣张存敬率领三万大军，从汜水渡过黄河，从含山路进发袭击河中，朱全忠统率中军跟在其后。戊申（二十四日），张存敬率领大军抵达绛州。绛州刺史陶建钊、晋州刺史张汉瑜没想到张存敬率军突然来到，都没有防守戒备，遂于庚戌（二十六日）、壬子（二十八日）相继投降了张存敬。朱全忠派遣他的部将侯言留守晋州，何细留守绛州，驻守军两万，用来把守河东李克用增援

军队的通行道路。朝廷恐怕朱全忠的军队向西攻打潼关，急忙颁赐诏书，敦促他们重归于好，朱全忠不服从。

王珂连续派遣密使向李克用告急求救，使者在路上接续不断。李克用因为朱全忠的汴州军队先已占据了晋州、绛州，援兵不能向前。王珂的妻子李氏送信给李克用说："女儿早晚就要成为俘虏了，父亲大人怎能够忍心不来救援呢?"李克用回信说道："现在贼兵已经堵塞晋州、绛州，我军寡不敌众，前进就会和你一同送死，还不如与王郎带领合族回到朝廷里去。"王珂又送信给李茂贞，说："天子刚恢复君位，诏命藩镇不得相互攻杀，共同来辅助朝廷。现在朱公不顾天子的命令，首先发兵攻打在下，他的心思用意可以想见。河中如果沦亡了，那么，同州、华州、邠州、岐州就都保不住了。这样，天子的政权拱手让给朱全忠，就势在必然了。您应当赶快统帅关中各藩镇的军队，坚决守卫潼关，前去援救河中。在下不才，自忖能力有限，请在您的西边给予一个小镇，让我来安身，此地就归您所有。关中的安危，国运的长短，全依靠您了，希望您能够仔细考虑！"李茂贞一直没有长远的计划，因此没有作答。

【原文】

乙卯，张存敬引兵发晋州。己未，至河中，遂围之。王珂势穷，将奔京师，而人心离贰，会浮梁坏，流澌塞河，舟行甚难。珂挈其族数百欲夜登舟，亲谕守城者，皆不应。牙将刘训曰："今人情扰扰，若夜出涉河，必争舟纷乱，一夫作难，事不可知。不若且送款存敬，徐图向背。"珂从之。壬戌，珂植白幡于城隅，遣使以牌印请降于存敬。存敬请开城，珂曰："吾于朱公有家世事分，请公退舍，俟朱公至，吾自以城授之。"存敬从之，且使走白全忠。

乙丑，全忠至洛阳，闻之喜，驰往赴之。戊辰，至虞乡，先哭于重荣之墓，尽哀，河中人皆悦。珂欲面缚牵羊出迎，全忠遽使止之曰："太师舅之恩何可忘！若郎君如此，使仆异日何以见舅于九泉！"乃以常礼出迎，握手歔欷，联辔入城。全忠表张存敬为护国军留后，王珂举族迁于大梁。其后全忠遣珂入朝，遣人杀之于华州。全忠闻张夫人疾亟，遽自河中东归。

李克用遣使以重币请修好于全忠。全忠虽遣使报，而忿其书辞蹇傲，决欲攻之。

【译文】

乙卯（二月初二），张存敬率领大军从晋州出发，己未（初六）抵达河中，就把城池包围起来。王珂处境十分危险，想要逃奔京师，但人心散乱，正好浮桥断坏，堵住了黄河河道，船行驶得很困难。王珂携带全族数百人，想要乘夜上船渡河逃亡，亲自告诉守城将士，希望他们追随护卫，护卫都不答应。牙将刘训说："现在人情杂乱，如果夜里出城渡河，将士们一定争抢着上船，难免出现混乱的局面，这时倘若有人作乱，事情就会很难预料。还不如暂时向张存敬投诚，再慢慢考虑顺从还是反抗。"王珂听从了刘训的意见。壬戌（初九），王珂在城角树起了白旗，派遣使者拿着牌印向张存敬请求投降。张存敬请王珂打开城门，王珂说道："我对朱公有家世亲谊情分，请您退让，等候朱公的到来，我自然把城池归还给他。"张存敬顺从了王珂，并且派人前去禀告朱全忠。

乙丑（十二日），朱全忠到达洛阳，听说王珂等他前去受降特别地兴奋，就驰往河中赴王珂之约。戊辰（十五日），朱全忠到了虞乡，先到王珂之父王重荣的墓前哭奠，竭尽悲恸，河中人都十分高兴。王珂想要反绑双手牵羊出城迎接，朱全忠急忙派人去阻拦，说道："太师舅的恩情怎么可以忘记呢？公子您这么做，让我日后在九泉之下怎么见我的舅父呢？"于是，王珂以常礼出城迎接朱全忠，二人握手相互叹息，然后一起进城。朱全忠上表请以张存敬为护国军留后，并将王珂全族迁往大梁。其后，朱全忠派遣王珂进京入朝，又派人在华州把他给杀掉。朱全忠听说妻子张夫人病死，急忙从河中向东返回。

李克用派遣使者给朱全忠送去丰厚的礼物，请求重归于好。朱全忠虽然派遣使者前去答复，但是愤恨李克用的书信

言词傲慢，还是决定派兵去攻打他。

【原文】

三月，癸未朔，朱全忠至大梁。癸卯，遣氏叔琮等将兵五万攻李克用，入自太行，魏博都将张文恭入自磁州新口，葛从周以兖、郓兵会成德兵入自土门，洺州刺史张归厚入自马岭，义武节度使王处直入自飞狐，权知晋州侯言以慈、隰、晋、绛兵入自阴地。叔琮入天井关，进军昂车。辛亥，沁州刺史蔡训以城降。河东都将盖璋诣侯言降，即令权知沁州。壬子，叔琮拔泽州，刺史李存璋弃城走。叔琮进攻潞州，昭义节度使孟迁降之。河东屯将李审建、王周将步军一万、骑二千诣叔琮降。叔琮进趣晋阳。夏，四月乙卯，叔琮出石会关，营于洞涡驿。张归厚引兵至辽州，丁巳，辽州刺史张鄂降。别将白奉国会成德兵自井陉入，己未，拔承天军，与叔琮烽火相应。

【译文】

三月，癸未朔（初一），朱全忠从河中返回大梁。癸卯（二十一日），朱全忠派氏叔琮率兵五万前去攻打李克用，在太行山进军的时候，魏博都将张文恭从磁州新口进军，葛从周率领兖州、郓州军队会同成德军队从土门进军，洺州刺史张归厚率军从马岭进军，义武节度使王处直率军从飞狐进军，暂为晋州刺史的侯言率领慈州、隰州、晋州、绛州军队从阴地关那里进军。氏叔琮入天井关，向泽州昂车关进军。辛亥（二十九日），沁州刺史蔡训献城投降。河东都将盖璋向侯言投降，就令他暂为沁州刺史。壬子（三十日），氏叔琮攻克泽州，刺史李存璋弃城而逃。氏叔琮进攻潞州，昭义节度使孟迁投降。河东驻军将领李审建、王周率领步军一万、骑兵二千向氏叔琮投降。氏叔琮率领大军进赴晋阳。夏季之时，四月乙卯（初三），氏叔琮率军出石会关，在洞涡驿扎营。洺州刺史张归厚率领军队抵达辽州，丁巳（初五），辽州刺史张鄂归降。别将白奉国会同成德军队自井陉关攻入，己未（初七）攻克承天军，与氏叔琮的军队烽火相互呼应。

【原文】

氏叔琮等引兵抵晋阳城下，数挑战，城中大恐。李克用登城备御，不遑饮食。时大雨积旬，城多颓坏，随加完补。河东将李嗣昭、李嗣源凿暗门，夜出攻汴垒，屡有杀获。李存进败汴军于洞涡。时汴军既众，刍粮不给，久雨，士卒疟利，全忠乃召兵还。五月，叔琮等自石会关归，诸道军亦退。河东将周德威、李嗣昭以精骑五千蹑之，杀获甚众。先是，汾州刺史李瑭举州附于汴军，克用遣其将李存审攻之，三日而拔，执瑭，斩之。氏叔琮过上党，孟迁挈族随之南徙。朱全忠遣丁会代守潞州。

朱全忠奏乞除河中节度使，而讽吏民请己为帅；癸卯，以全忠为宣武、宣义、天平、护国四镇节度使。

【译文】

氏叔琮等率领大军抵达晋阳城下，屡次叫阵挑战，城内军民十分惊恐。李克用登城戒备守御，都没有时间喝水吃饭。当时连续下了十多天的大雨，城墙多处坍塌毁坏，李克用命令随时垒砌修补。河东将领李嗣昭、李嗣源从城内挖凿暗门通道，乘夜攻袭氏叔琮军队的营垒，多次袭击都有杀伤俘获。同时，李存进也在洞涡驿打败汴州军队。当时，攻打晋阳的汴州军队很多，粮草供给不足，又长时间地下雨，兵士又患疟疾，朱全忠便把军队给召了回去。五月，氏叔琮等率军由石会关返回，其他各道军队也都退师。河东将领周德威、李嗣昭率领五千精兵骑将跟踪追击，杀伤俘获汴州很多的士兵。此前，汾州刺史李瑭以全州归附汴州军队，这时，李克用派遣他的部将李存审率兵攻击李瑭，三天攻占汾州，逮住了李瑭，把他斩首。氏叔琮经过上党，孟迁带领全族人口跟随南迁。于是，朱全忠派遣丁会代守潞州。

朱全忠奏请朝廷任命他为河中节度使，同时暗示官吏百姓让自己做主帅。癸卯（二十二日），朝廷任命朱全忠为宣武、宣义、天平、护国四镇节度使。

【原文】

上之返正也，中书舍人令狐涣、给事中韩偓皆预其谋，故擢为翰林学士，数召对，访以机密。涣，绹之子也。时上悉以军国事委崔胤，每奏事，上与之从容，或至然烛。宦官畏之侧目，事无大小，皆咨胤而后行。胤志欲尽除之，韩偓屡谏曰："事禁太甚。此辈亦不可全无，恐其党迫切，更生他变。"胤不从。丁卯，上独召偓，问曰："敕使中为恶者如林，何以处之?"对曰："东内之变，敕使谁非同恶！处之当在正旦，今已失其时矣。"上曰："当是时，卿何不为崔胤言之?"对曰："臣见陛下诏书云：'自刘季述等四家之外，其馀一无所问。'夫人主所重，莫大于信，既下此诏，则守之宜坚；若复戮一人，则人人惧死矣。然后来所去者已为不少，此其所以恼恼不安也。陛下不若择其尤无良者数人，明示其罪，置之于法，然后抚谕其馀曰：'吾恐尔曹谓吾心有所贮，自今可无疑矣。'乃择其忠厚者使为之长，其徒有善则奖之，有罪则惩之，咸自安矣。今此曹在公私者以万数，岂可尽诛邪！夫帝王之道，当以重厚镇之，公正御之，至于琐细机巧，此机生则彼机应矣，终不能成大功，所谓理丝而棼之者也。况今朝廷之权，散在四方。苟能先收此权，则事无不可为者矣。"上深以为然，曰："此事终以属卿。"

【译文】

唐昭宗归复君位，中书舍人令狐涣、给事中韩偓都参与密谋，所以都被擢升为翰林学士，并多次被召见问答，询问机密大事。令狐涣是唐宣宗时宰相令狐绹的儿子。当时，昭宗把军国政务全部都委任给崔胤办理，每次奏陈事情，唐昭宗都与他从容不迫地商量着，有时一直到天黑把蜡烛点燃的时候。宦官们很害怕崔胤，不敢正视他一眼，凡事都要先询问崔胤以后，再去办理。崔胤立志要把宦官全部铲除掉，韩偓多次直言劝告，说："事情最忌讳做得太过分。宦官也不可能完全没有，恐怕他们的同党被逼太甚，再生出别的变故来。"崔胤不听韩偓的劝说。丁卯（六月十七日），唐昭宗独自召见韩偓，问道："宦官敕使之中做坏事的像树木一样多，用什么办法来处置他们呢？"韩偓回答说道："东宫之变，这些人中哪一个不是罪犯的同党呢？处置他们应当在元旦诛杀刘季述等人的时候，现在已经失去惩治他们的机会了。"昭宗说："那个时候，爱卿为什么不向崔胤直说呢？"韩偓答道："臣见陛下的诏书说：'除刘季述等四家之外，其余的人一个也不问罪。'对皇上来说，最重要的莫大于诚信，既然已经颁布这个诏书，就应该坚决遵守。如果再去杀一人，就会人人自危了。可是后来除去的人已经不少了，这就是他们之所以惴惴不安的原因吧。陛下不如挑选他们中最

为奸邪的几个人，明明白白地宣示他们的罪过，依法惩治他们，然后安抚晓谕其他的人说：‘我担心你们说我怀恨在心，从今天起你们可以不必有什么疑虑了。’然后选择那些忠厚老实的人来担任他们的头领，其余众人有善行的就奖励，有罪过的就惩罚，这样君臣就可相安无事。现在宦官在官府和私家的有数万人，哪里能够都杀死呢？陛下处罚的方法，应当是用优厚待遇来安抚他们，用公正无私驾驭他们，至于琐细机巧之举，此生彼应，终究不能成就大功绩，这就是所谓理丝不成反而更加纷乱。更何况，现在朝廷的权力分散在四方藩镇手中，如果能够先收回这些权力，那么，就没有办不到的事情了。”昭宗深以为然，说：“这件事还是要交付你来办。”

【原文】

崔胤请上尽诛宦官，但以宫人掌内诸司事。宦官属耳，颇闻之，韩全诲等涕泣求哀于上。上乃令胤：“有事封疏以闻，勿口奏。”宦官求美女知书者数人，内之宫中，阴令诇察其事，尽得胤密谋，上不之觉也。全诲等大惧，每宴聚，流涕相诀别，日夜谋所以去胤之术。胤时领三司使，全诲等教禁军对上喧噪，诉胤减损冬衣。上不得已，解胤盐铁使。

时朱全忠、李茂贞各有挟天子令诸侯之意，全忠欲上幸东都，茂贞欲上幸凤翔。胤知谋泄，事急，遗朱全忠书，称被密诏，令全忠以兵迎车驾，且言：“昨者返正，皆令公良图，而凤翔先入朝抄取其功。今不速来，必成罪人，岂惟功为他人所有，且见征讨矣!”全忠得书，秋，七月甲寅，遽归大梁发兵。

【译文】

崔胤奏请昭宗把宦官全部处死，只用宫人掌管内廷各司的事务。宦官偷听到了一些消息，韩全诲等人哭泣着向昭宗乞求哀怜。昭宗便指示崔胤：“以后有事要以密封奏疏报告，不要口奏。”宦官物色到识字的美女数人送进内宫，暗中叫她们侦察刺探这件事情，全部掌握了崔胤的秘密计划，昭宗却没有察觉到。韩全诲等人知道崔胤的计划后特别害怕，每次宴饮聚会，都流着眼泪相互诀别，日夜谋划能够翦除崔胤的办法。崔胤当时兼任户部、度支、盐铁三司使，韩全诲等人教唆警卫宫禁的军队向唐昭宗喧哗叫嚷，申诉崔胤减少将士的冬季衣服。唐昭宗无可奈何，只得解去崔胤的盐铁使职务。

当时，朱全忠、李茂贞各有挟天子以令诸侯的意图。朱全忠想让唐昭宗驾临东都洛阳，李茂贞则想引诱唐昭宗驾临凤翔。崔胤知道谋杀宦官的计划已经泄露，事情急迫，就送信给朱全忠，假称奉有秘密诏书，令朱全忠派遣军队迎接皇上的车驾，并且说：“之前恢复皇上君位都是您朱公的计谋啊，可是李茂贞先进京入朝夺取其功。这次您再不立刻来京，必定成为有罪的人，岂止功劳为他人所有，而且要被征讨了！”朱全忠收到书信，秋季，七月，甲寅（初五），急忙回大梁发兵。

【原文】

八月，甲申，上问韩偓曰：“闻陆扆不乐吾返正，正旦易服，乘小马出启夏门，有诸？”对曰：“返正之谋，独臣与崔胤辈数人知之，扆不知也。一旦忽闻宫中有变，人情能不惊骇！易服逃避，何妨有之！陛下责其为宰相无死难之志则可也，至于不乐返正，恐出谗人之口，愿陛下察之。”上乃止。

韩全诲等惧诛，谋以兵制上，乃与李继昭、李继诲、李彦弼、李继筠深相结，继昭独不肯从。他日，上问韩偓：“外间何所闻？”对曰：“惟闻敕使忧惧，与功臣及继筠交结，将致不安，亦未知其果然不耳。”上曰：“是不虚矣。比日继诲、彦弼辈语渐倔强，令人难耐。令狐涣欲令朕召崔胤及全诲等于内殿，置酒和解之，何如？”对曰：“如此则彼凶悖益甚。”上曰：“为之奈何？”对曰：“独有显罪数人，速加窜逐，馀者许其自新，庶几可息。若一无所问，彼必知陛下心有所贮，益不自安，事终未了耳。”上曰：“善！”既而宦官自恃党援已成，稍不遵敕旨。上或出之使监军，或黜

守诸陵，皆不行，上无如之何。

【译文】

八月，甲申（初五），昭宗问韩偓："听说陆扆不愿意朕恢复君位，在元旦那天换了衣服，骑着小马出了启夏门，有这件事情吗？"韩偓回答说："恢复君位的计划，只有臣与崔胤等几个人才知道，陆扆是不知道的。以人之常情论，一个人忽然听说宫中有变化，岂能不惊吓害怕呢？换了衣服逃跑躲避，有什么妨碍呢？陛下责备他身为宰相没有遇难挺身而死的志气是可以的，至于说他不愿意皇上恢复君主之位，恐怕出自谗佞小人之口，希望陛下明察秋毫！"昭宗这才停止了追查。

韩全诲等人害怕被杀，密谋用武力挟制昭宗，于是与李继昭、李继诲、李彦弼、李继筠深相交结，只有李继昭不肯服从。有一天，昭宗问韩偓："你在外边听到了什么吗？"韩偓答道："只听说宦官们担忧，与功臣李继昭、李继诲、李彦弼及李继筠交结，将要导致局势动荡，也不知道他们是否会真的这样做。"昭宗说："这事不假！近日李继诲、李彦弼等说话逐渐固执强硬，令人难以忍受。令狐涣想要朕在内殿召见崔胤及韩全诲等人，设酒使他们和解，这样好吗？"韩偓答道："这样做，韩全诲他们就会更加凶恶狂悖了。"

昭宗说："那应该怎样做呢？"韩偓答道："只有公开惩罚几个人，迅速把他们给放逐，其余的人允许他们改过自新，也许还可以平息一场动乱。如果一个也不问罪，韩全诲他们一定知道陛下怀恨于心，更加不能自安，事情终究不会结束。"昭宗说："好！"过了一段时间以后，宦官自恃党援已经结成，逐渐不遵诏令。昭宗或者把他们派出去做监军，或者把他们贬斥去守陵寝，他们都不遵命，昭宗也无可奈何。

【原文】

韩全诲闻朱全忠将至，丁酉，令李继筠、李彦弼等勒兵劫上，请幸凤翔，宫禁诸门皆增兵防守，人及文书出入搜阅甚严。上遣人密赐崔胤御札，言皆凄怆，末云："我为宗社大计，势须西行，卿等但东行也。惆怅，惆怅！"

戊申，朱全忠至河中，表请车驾幸东都，京城大骇，士民亡窜山谷。是日，百官皆不入朝，阙前寂无人。

【译文】

韩全诲听说朱全忠快要抵达，丁酉（十九日）命令李继筠、李彦弼等率领卫兵劫持唐昭宗，强请昭宗驾临凤翔，并增兵防守皇宫各门，人员及文书出入搜查检阅都十分地严格。昭宗派人秘密地给崔胤送去亲笔书信，言词十分凄凉，最后说道："我为宗庙社稷计，势必西去凤翔，卿等只管东行。惆怅！惆怅！"

戊申（三十日），朱全忠到达河中，上表章请昭宗大驾临幸东都洛阳，京城大恐，士民逃往山谷里。这天，文武百官都不入朝，宫门前不见人影。

【原文】

十一月，己酉朔，李继筠等勒兵阙下，禁人出入，诸军大掠。士民衣纸及布襦者，满街极目。韩建以幕僚司马邺知匡国留后。朱全忠引四镇兵七万趣同州，邺迎降。

韩全诲等以李继昭不与之同，遏绝不令见上。时崔胤居第在开化坊，继昭帅所部六十馀人及关东诸道兵在京师者共守卫之。百官及士民避乱者，皆往依之。庚戌，上遣供奉官张绍孙召百官，崔胤等皆表辞不至。

壬子，韩全诲等陈兵殿前，言于上曰："全忠以大兵逼京师，欲劫天子幸洛阳，求传禅。臣等请奉陛下幸凤翔，收兵拒之。"上不许，杖剑登乞巧楼。全诲等逼上下楼，上行才及寿春殿，李彦弼已于御院纵火。是日冬至，上独坐思政殿，翘一足，一足蹋阑干，庭无群臣，旁无侍者。顷之，不得已，与皇后、妃嫔、诸王百馀人皆上马，恸哭声不绝，出门，回顾禁中，火已赫然。是夕，宿鄠县。

【译文】

十一月，己酉朔（初一），李继筠等领兵在宫门之下，禁止人员出入，诸军大肆掠夺。士民穿纸制的衣服及短布衣的，满大街都是。韩建以幕僚司马邺主持匡国留后。朱全忠带领四镇的七万军队奔赴同州。司马邺开城迎降。

韩全诲等人因李继昭不与他们同谋，就阻拦他不准见唐昭宗。当时，崔胤的府第在开化坊，李继昭率领属下六十多人及关东各道的京师军队共同防守。百官及士民中避乱的人都前往依附。庚戌（初二），唐昭宗派遣供奉官张绍孙召集文武百官，崔胤等都上表推辞不来。

壬子（初四），韩全诲等人在殿前布置军队，向唐昭宗说道："朱全忠率大军进逼京师，想要劫持天子前往洛阳，要求把帝位禅让给他。臣等请求陛下驾临凤翔，收集军队进行顽强抵挡。"唐昭宗不答应，持剑登乞巧楼。韩全诲等人逼迫唐昭宗下楼，唐昭宗刚走到寿春殿，李彦弼已经在后院放火。这天是冬至，唐昭宗独自一人坐在思政殿，翘着一只脚，另一只脚踏着栏杆，院里没有文武百官，旁边没有侍奉的人。过了片刻，不得已，与皇后、妃嫔、诸王等一百多人全部都上了马，恸哭之声不停，出门回顾宫中，已是大火熊熊。这天晚上，一行人在鄠县住宿。

【原文】

朱全忠遣司马邺入华州，谓韩建曰："公不早知过自归，又烦此军少留城下矣。"是日，全忠自故市引兵南渡渭，韩建遣节度副使李巨川请降，献银三万两助军，全忠乃西南趣赤水。

癸丑，李茂贞迎车驾于田家硙，上下马慰接之。甲寅，车驾至盩厔。乙卯，留一日。

朱全忠至零口西，闻车驾西幸，与僚佐议，复引兵还赤水。左仆射致仕张濬说全忠曰："韩建，茂贞之党，不先取之，必为后患。"全忠闻建有表劝天子幸凤翔，乃引兵逼其城。建单骑迎谒，全忠责之，对曰："建目不知书，凡表章书檄，皆李巨川所为。"全忠以巨川常为建画策，斩之军门。谓建曰："公许人，可即往衣锦。"丁巳，以建为忠武节度使，理陈州，以兵援送之。以前商州刺史李存权知华州，徙忠武节度使赵珝为匡国节度使。车驾之在华州也，商贾辐凑，韩建重征之，二年，得钱九百万缗。至是，全忠尽取之。

【译文】

朱全忠派遣司马邺进入华州，对韩建说道："您不能早知过错自己归降，又要烦劳这支军队滞留城下，果真如此，您的罪过就更大了！”这一天，朱全忠从故市领兵南渡渭河，韩建派遣节度副使李巨川请求归降，进献白银三万两资助军队使用，朱全忠便率领军队向西南奔赴赤水。

癸丑（初五），李茂贞在田家硙迎接圣驾，唐昭宗下马慰问接见。甲寅（初六），唐昭宗的车驾到盩厔。乙卯（初七），留住一天。

朱全忠抵达零口西边，听说唐昭宗已西行，与僚佐商议，又率兵退回赤水。退休家居的左仆射张濬劝告朱全忠说道：“韩建是李茂贞的同党，不先攻打他，必为后患。”朱全忠听说韩建有表章劝说唐昭宗驾临凤翔，便率军直逼华州。韩建单骑迎接拜谒，朱全忠责问他，韩建回答说道：“韩建目不识丁，凡表章书檄，都是李巨川所写的。”朱全忠以李巨川常为韩建运筹策划为由，将他在军门斩首。朱全忠又对韩建说：“公是许州人，可以立即衣锦还乡。”丁巳（初九），朱全忠以韩建担任忠武节度使，驻守陈州，并派兵护送赴任。以前商州刺史李存权为华州刺史，调任忠武节度使赵珝为匡国节度使。乾宁三年至四年唐昭宗在华州之时，商贾集聚，韩建重征税额，两年得钱九百万缗。到这个时候，朱全忠把所有钱财全都据为所有。

【原文】

是时京师无天子，行在无宰相。崔胤使太子太师卢渥等二百馀人列状请朱全忠西迎车驾，又使王溥至赤水见全忠计事。全忠复书曰：“进则惧胁君之谤，退则怀负国之惭。然不敢不勉。”戊午，全忠发赤水。

朱全忠至长安，宰相帅百官班迎于长乐坡。明日行，复班辞于临皋驿。全忠赏李继昭之功，初令权知匡国留后，复留为两街制置使，赐与甚厚。继昭尽献其兵八千人。

全忠使判官李择、裴铸入奏事，称：“奉密诏及得崔胤书，令臣将兵入朝。”韩全诲等矫诏答以：“朕避灾至此，非宦官所劫。密诏皆崔胤诈为之，卿宜敛兵归保土宇。”茂贞遣其将符道昭屯武功以拒全忠。癸亥，全忠将康怀贞击破之。

【译文】

这个时候，京城里没有皇帝，皇帝所处之地没有宰相。崔胤让太子太师卢渥等二百多人列状请朱全忠西迎昭宗，又派遣王溥到赤水见朱全忠商议迎驾事宜。朱全忠回信说道：“前进害怕落得胁迫君王之谤毁，后退又有辜负国家之羞愧。然而不得不努力为之。”戊午（初十），朱全忠从赤水出发。

朱全忠抵达长安，宰相带领文武百官列队在长乐坡迎接。次日，朱全忠西行，崔胤率文武百官又到临皋驿列队送别。朱全忠欣赏李继昭保卫崔胤及文武百官之功绩，起初让他暂时主持匡国留后，然后又留为两街制置使，赏赐十分丰厚。李继昭全部献出，分给他属下的将士八千人。

朱全忠派遣判官李择、裴铸入凤翔奏事，称："奉皇上秘密诏令及接崔胤书信，命令我带领军队进京拜见。"韩全诲等人假传诏令回答说道："朕避灾到此地，不是被宦官劫持。秘密诏令都是崔胤假托的，卿应该收兵回师，保卫属地的田宅领土。"李茂贞派遣他的部将符道昭驻守武功，抵抗朱全忠。癸亥（十五日），朱全忠的部将康怀贞率军攻破武功。

【原文】

戊辰，朱全忠至凤翔，军于城东。李茂贞登城谓曰："天子避灾，非臣下无礼。谗人误公至此。"全忠报曰："韩全诲劫迁天子，今来问罪，迎扈还宫。岐王苟不预谋。何烦陈谕！"上屡诏全忠还镇，全忠乃拜表奉辞。辛未，移兵北趣邠州。

乙亥，全忠发邠州。戊寅，次三原。十二月，癸未，崔胤至三原见全忠，趣之迎驾。乙丑，全忠遣朱友宁攻盩厔，不下。戊戌，全忠自往督战，盩厔降，屠之。全忠令崔胤帅百官及京城居民悉迁于华州。

【译文】

戊辰（二十日），朱全忠率兵到达凤翔，在城东驻扎。

李茂贞登上城楼，对城外的朱全忠说道："天子避灾来到此处，并不是臣下无礼劫持来的，而是说坏话的人误引你前来此地的。"朱全忠回答道："韩全诲劫迁天子，我现在来问罪，迎接扈从天子回宫。岐王如果没有参与策划，何烦陈说辩解呢？"昭宗多次诏令朱全忠返回镇所，朱全忠便上表受命。辛未（二十三日），朱全忠率领军队转移，向北奔赴邠州。

乙亥（二十七日），朱全忠从邠州出发。戊寅（三十日），在三原安营驻扎。十二月，癸未（初五），崔胤到三原会见朱全忠，督促他迎驾。己丑（十一日），朱全忠遣朱友宁进攻盩厔，没有攻克。戊戌（二十日），朱全忠亲自前去督战，盩厔的军队投降，被全部杀死。朱全忠让崔胤带领文武百官及京城的居民全部迁往华州。

五代十国

梁晋之争（卷二百七十一◎后梁纪六）

【原文】

后梁均王贞明五年

晋王如魏州，发徒数万，广德胜北城，日与梁人争，大小百馀战，互有胜负。左射军使石敬瑭与梁人战于河壖，梁人击敬瑭，断其马甲，横冲兵马使刘知远以所乘马授之，自乘断甲者徐行为殿。梁人疑有伏，不敢迫，俱得免。敬瑭以是亲爱之。敬瑭、知远，其先皆沙陀人。敬瑭，李嗣源之婿也。

【译文】

后梁均王贞明五年（己卯，公元919年）

晋王到魏州，派数万名士卒扩建德胜北城，每天都和后梁争战，大小战斗一百多次，有胜有负。左射军使石敬瑭和后梁军在黄河边上交战，后梁军攻打石敬瑭，击断了石敬瑭战马的铠甲，横冲兵马使刘知远把自己的乘马给了石敬瑭，自己骑着断了甲的马在军队的后面慢慢走着。后梁军怀疑晋军有伏兵，而不敢靠近，所以他们都幸免此难。因此，石敬瑭更加亲近刘知远。石敬瑭、刘知远的先人都是沙陀人。李嗣源的女儿嫁给了石敬瑭。

【原文】

梁筑垒贮粮于潘张，距杨村五十里。十二月，晋王自将骑兵自河南岸西上，邀其饷者，俘获而还。梁人伏兵于要路，晋兵大败。晋王以数骑走，梁数百骑围之。李绍荣识其旗，单骑奋击救之，仅免。戊戌，晋王复与王瓒战于河南，瓒先胜，获晋将石君立等。既而大败，乘小舟渡河，走保北城，失亡万计。帝闻石君立勇，欲将之，系于狱而厚饷之，使人诱之。君立曰："我晋之败将，而为用于梁，虽竭诚效死，谁则信之！人各有君，何忍反为仇雠用哉！"帝犹惜之，尽杀所获晋将，独置君立。晋王乘胜遂拔濮阳。帝召王瓒还，以天平节度使戴思远代为北面招讨使，屯河上以拒晋人。

【译文】

后梁军在潘张修筑营垒，积储粮食，潘张离杨村五十里。十二月，晋王率领骑兵从黄河南岸向西进军，阻截后梁军的送粮人，俘虏了送粮人返回。后梁在要害路段埋伏了士兵，晋军败退。晋王领着几个骑兵逃走，后梁军用几百骑兵把他们给包围了起来。晋将李绍荣认出是自己军队的旗帜，就一个人骑马去奋力援救晋王，仅使晋王得免一死。戊戌（初五），晋王又和王瓒在黄河南岸交战，王瓒先取得了胜利，俘获了晋将石君立等。过了一段时间以后，晋军打败了王瓒的军队，王瓒乘坐着小船渡过黄河，跑回北城坚守。这次战败，有一万多士卒逃跑或被杀死。后梁帝听说石君立很勇敢，打算叫他做自己的将领，并把他关在狱中，给他丰厚的待遇，派人去劝诱他。石君立说道："我是晋军的败将，如果在梁国被任用，虽竭诚效死，又有谁敢来相信我呢？每个人都有自己的君主，又怎么忍心被仇人所用呢？"梁王还是很怜惜他，把俘获的所有晋将都给杀死，只留下了石君立。晋王乘胜前进，一举攻下了濮阳。后梁帝把王瓒召了回来，任命天平节度使戴思远来代理北面招讨使，驻扎在黄河边抵御晋军。

后唐当立（卷二百七十二◎后唐纪一）

【原文】

后唐庄宗同光元年

晋王筑坛于魏州牙城之南，夏，四月己巳，升坛，祭告上帝，遂即皇帝位，国号大唐，大赦，改元。尊母晋国太夫人曹氏为皇太后，嫡母秦国夫人刘氏为皇太妃。以豆卢革为门下侍郎，卢程为中书侍郎，并同平章事；郭崇韬、张居翰为枢密使，卢质、冯道为翰林学士，张宪为工部侍郎、租庸使，又以义武掌书记李德休为御史中丞。德休，绛之孙也。

【译文】

后唐庄宗同光元年（癸未，公元923年）

晋王在魏州牙城的南面修筑祭天用的坛宇，夏四月，己巳（二十五日），晋王登上祭坛，祭告上帝，登皇帝位，国号为大唐，实行大赦，改年号。尊其母晋国太夫人曹氏为皇太后，尊其父的正妻秦国夫人刘氏为皇太妃。任命豆卢革为门下侍郎，卢程为中书侍郎，同时都为同平章事；任命郭崇韬、张居翰为枢密使，卢质、冯道为翰林学士，张宪为工部侍郎、租庸使，又任命义武节度掌书记李德休为御史中丞。李德休是李绛的孙子。

【原文】

时契丹屡入寇，钞掠馈运，幽州食不支半年。卫州为梁所取，潞州内叛，人情岌岌，以为梁未可取，帝患之。会郓州将卢顺密来奔。先是，梁天平节度使戴思远屯杨村，留顺密与巡检使刘遂严、都指挥使燕颙守郓州。顺密言于帝曰："郓州守兵不满千人，遂严、颙皆失众心，可袭取也。"郭崇韬等皆以为："悬军远袭，万一不利，虚弃数千人，顺密不可从。"帝密召李嗣源于帐中谋之曰："梁人志在吞泽潞，不备东方，若得东平，则溃其心腹。东平果可取乎？"嗣源自胡柳有渡河之惭，常欲立奇功以补过，对曰："今用兵岁久，生民疲弊，苟非出奇取胜，大功何由可成！臣愿独当此役，必有以报。"帝悦。壬寅，遣嗣源将所部精兵五千自德胜趣郓州。比及杨刘，日已暮，阴雨道黑，将士皆不欲进。高行周曰："此天赞我也，彼必

无备。”夜，渡河至城下，郓人不知，李从珂先登，杀守卒，启关纳外兵，进攻牙城，城中大扰。癸卯旦，嗣源兵尽入，遂拔牙城，刘遂严、燕颙奔大梁。嗣源禁焚掠，抚吏民，执知州事节度副使崔筜、判官赵凤送兴唐。帝大喜曰：“总管真奇才，吾事集矣。”即以嗣源为天平节度使。

【译文】

这个时候，契丹人经常入侵后唐，掠夺他们的粮食，幽州一年的粮食还不够半年食用。卫州被后梁夺占以后，潞州内部也发生叛乱，人们都感到十分危急，认为未必能够消灭后梁，后唐皇帝也为此感到忧心忡忡。这时恰好后梁郓州将领卢顺密前来投降。在这以前，后梁天平节度使戴思远驻扎在杨村，留下卢顺密和巡检使刘遂严、都指挥使燕颙驻守郓州。卢顺密告后唐皇帝说：“驻守郓州的士兵还不到一千人，刘遂严和燕颙都失去了民心，可以攻夺郓州。”郭崇韬等人都认为：“孤军远征，万一不利，白白丢掉了数千人，卢顺密的话不可以听信。”后唐皇帝秘密召见李嗣源，在帐中谋划，说道：“梁人的计划是吞并泽州、潞州，东边没有防备的，假如能够取得东平，就击败了后梁的心腹之地。东平可以战取吗？”李嗣源自从在胡柳战役中因为没有跟从晋王率兵北渡黄河，一直感到十分惭愧，也一直打算建立奇功来弥补过失，于是他回答后唐皇帝说：“如今打了多年仗，百姓们都身感疲惫，如果不出奇制胜，怎能成就大的功业呢！臣

希望能够独自挑起这次战役的重担，一定会有好的消息报告陛下。”后唐皇帝特别高兴。壬寅（闰四月二十八日），派遣李嗣源率领他所属部队的五千精锐士卒从德胜直取郓州。抵达杨刘的时候，太阳已经落山了，阴雨绵绵，道路一片漆黑，将士们都不想再继续前行了。高行周说道：“简直天助我也，他们一定毫无准备。”于是趁黑夜渡过黄河到了城下，郓州人根本不知道。李从珂首先登上城门，杀死守城门的士卒，打开城门让队伍进去，接着进攻牙城，城中大乱。癸卯（二十九日）早晨，李嗣源的部队全部都进入城内，攻占了牙城。刘遂严、燕颙逃到大梁。李嗣源禁止士卒在城内焚烧抢夺，安抚百姓，只把知州事节度副使崔筜、判官赵凤押送到兴唐。后唐皇帝很兴奋地说道：“总管你简直是个奇才，我们的事情总算成功了。”马上任命李嗣源为天平节度使。

【原文】

梁主闻郓州失守，大惧，斩刘遂严、燕颙于市，罢戴思远招讨使，降授宣化留后，遣使诘让北面诸将段凝、王彦章等，趣令进战。敬翔知梁室已危，以绳内靴中，入见梁主曰：“先帝取天下，不以臣为不肖，所谋无不用。今敌势益强，而陛下弃忽臣言。臣身无用，不如死。”引绳将自经。梁主止之，问所欲言，翔曰：“事急矣，非用王彦章为大将，不可救也。”梁主从之，以彦章代思远为北面招讨使，仍以段凝为副。

帝闻之，自将亲军屯澶州，命蕃汉马步都虞候朱守殷守德胜，戒之曰：“王铁枪勇决，乘愤激之气，必来唐突，宜谨备之！”守殷，王幼时所役苍头也。

【译文】

后梁主听说郓州失守，很害怕，在集市上把刘遂严、燕颙处斩，罢免了戴思远的招讨使官职，降为宣化留后。后梁主派遣使者去责问驻守在北面的段凝、王彦章等将领，让他们前去作战。敬翔知道后梁王室已经十分危险了，便把绳子装在靴子里进宫内求见后梁主，说道：“先帝夺占天下之时，不认为臣没有能耐，无论什么计谋都让臣参加。现在敌人的势力越来越大，而陛下不听或忽视臣的话。臣已无用了，还不如去死。”他把绳子从靴子里取出才能要上吊自缢。后梁主赶快来劝阻，并问他有没有想说的话。敬翔说：“现在的事情很急迫，除非用王彦章为大将，不能挽救王室的危急。”后梁主听从了他的建议，让王彦章代替戴思远为北面招讨使，仍然用段凝为副招讨使。

后唐皇帝听说这件事情以后，亲自率领亲军驻守在澶州，命令蕃汉马步都虞候朱守殷坚守德胜，并告诫他说道：“王铁枪勇敢果断，他们乘士卒愤怒激动的时候，一定来得十分突然，应当小心谨慎地防备他们。”朱守殷是后唐皇帝小时候所用的奴仆。

【原文】

梁主召问王彦章以破敌之期，彦章对曰："三日。"左右皆失笑。彦章出，两日，驰至滑州。辛酉，置酒大会，阴遣人具舟于杨村。夜，命甲士六百，皆持巨斧，载冶者，具鞴炭，乘流而下。会饮尚未散，彦章阳起更衣，引精兵数千循河南岸趋德胜。天微雨，朱守殷不为备，舟中兵举锁烧断之，因以巨斧斩浮桥，而彦章引兵急击南城。浮桥断，南城遂破，时受命适三日矣。守殷以小舟载甲士济河救之，不及。彦章进攻潘张、麻家口、景店诸寨，皆拔之。声势大振。

【译文】

后梁主召见王彦章，问他要用多长时间击败敌人，王彦章回答说道："三天。"左右大臣都哑然失笑。王彦章率兵出发，用了两天时间，飞速到达滑州。辛酉（五月十八日），王彦章大摆宴席，并秘密派人在杨村准备船只。晚上，命令六百名士卒都拿着大斧，船上载着冶炼的工匠，准备了吹火用的皮囊和炭，顺流急下。这时宴会并没有结束，王彦章假装出去换衣服，然后偷偷率领数千精兵沿着黄河南岸直奔德胜。这时天下起了小雨，朱守殷没有一丝的防备。船上的士兵将城门的锁用火给烧断，用大斧把浮桥砍断，王彦章率兵迅速向南城发起进攻。浮桥被砍断，南城于是被攻破，这时恰好是接受命令后的第三天。朱守殷用小船载着士卒渡过黄河来援救，但已来不及。王彦章又向潘张、麻家口、景店诸寨发起进攻，都攻占下来了。王彦章的声势大振。

【原文】

帝遣宦者焦彦宾急趣杨刘，与镇使李周固守，命守殷弃德胜北城，撤屋为筏，载兵械浮河东下，助杨刘守备，徙其刍粮薪炭于澶州，所耗失殆半。王彦章亦撤南城屋材浮河而下，各行一岸，每遇湾曲，辄于中流交斗，飞矢雨集，或全舟覆没，一日百战，互有胜负。比及杨刘，殆亡士卒之半。己巳，王彦章、段凝以十万之众攻杨刘，百道俱进，昼夜不息，连巨舰九艘，横亘河津以绝援兵。城垂陷者数四，赖李周悉力拒之，与士卒同甘苦，彦章不能克，退屯城南，为连营以守之。

【译文】

后唐皇帝派遣宦官焦彦宾快速赶到杨刘，与杨刘镇使李周在那里坚守，命令朱守殷放弃德胜北城，把房屋拆掉做成木筏，载着士兵和武器顺黄河向东漂下，帮助坚守杨刘，同时把德胜的粮草薪炭运往澶州，损失了差不多一半。王彦章也把德胜南城的房屋给拆掉，做成了木筏，顺着黄河漂下。

王彦章和朱守殷各走一岸，每次遇上黄河弯曲的地方，就在河中间战斗，射出的箭像雨一样密集，有时整只船都覆没，一日交战百余次，两军各有胜负。抵达杨刘的时候，朱守殷的士卒有一半伤亡。己巳（二十六日），王彦章、段凝率领十万大军向杨刘发起进攻，四面八方一起推进，昼夜不停。又把九艘大船紧连在一块，横放在黄河的渡口上，用来阻挡朱守殷的援兵。杨刘城几次都差一点被攻占，全靠李周与士卒们同甘共苦，全力抵御，王彦章才没攻下，朱守殷于是率兵退到城南驻扎，把营寨连起来坚守。

【原文】

杨刘告急于帝，请日行百里以赴之。帝引兵救之，曰："李周在内，何忧！"日行六十里，不废畋猎，六月，乙亥，至杨刘。梁兵堑垒重复，严不可入，帝患之，问计于郭崇韬，对曰："今彦章据守津要，意谓可以坐取东平。苟大军不南，则东平不守矣。臣请筑垒于博州东岸以固河津，既得以应接东平，又可以分贼兵势。但虑彦章诇知，径来薄我，城不能就。愿陛下募敢死之士，日令挑战以缀之，苟彦章旬日不东，则城成矣。"时李嗣源守郓州，河北声问不通，人心渐离，不保朝夕。会梁右先锋指挥使康延孝密请降于嗣源，延孝者，太原胡人，有罪，亡奔梁，时隶段凝麾下。嗣源遣押牙临漳范延光送延孝蜡书诣帝，延光因言于帝曰：

"杨刘控扼已固，梁人必不能取，请筑垒马家口以通郓州之路。"帝从之，遣崇韬将万人夜发，倍道趣博州，至马家口渡河，筑城昼夜不息。帝在杨刘，与梁人昼夜苦战。崇韬筑新城凡六日，王彦章闻之，将兵数万人驰至，戊子，急攻新城，连巨舰十馀艘于中流以绝援路。时板筑仅毕，城犹卑下，沙土疏恶，未有楼橹及守备；崇韬慰劳士卒，以身先之，四面拒战，遣间使告急于帝。帝自杨刘引大军救之，陈于新城西岸。城中望之增气，大呼叱梁军，梁人断绁敛舰；帝舣舟将渡，彦章解围，退保邹家口。郓州奏报始通。

【译文】

杨刘方面向后唐皇帝告急，请求皇帝日行百里迅速到达杨刘。后唐皇帝率兵前往救助，说道："有李周在那里，有什么好忧虑的?"于是日行六十里，在路上还依旧去打猎。六月，乙亥（初二），抵达杨刘。后梁军修筑了重重营垒，防守很严密，很难深入。后唐皇帝特别地担忧，就问郭崇韬怎么办才好。郭崇韬回答说："现在王彦章据守着重要的渡口，他的意思是想坐取东平。如果大军不向南开进，那么东平就很难坚守了。我请求在博州东岸修筑营垒，巩固黄河的渡口，这样既可以接应东平，又可以分散敌人的兵力。只是忧虑王彦章侦察到我们的情况，直接逼近我们，到那时我们的城可能还没有修好。希望陛下招募敢死士卒，每天让他

们挑逗敌人出营接战，以此来牵制他们。如果王彦章十几天内不向东去，城垒就可以修好。”这时李嗣源在郓州坚守，没有一点黄河以北的音讯，人心分散，朝不保夕。恰好后梁军右先锋指挥使康延孝秘密请求投降李嗣源，康延孝是太原地区的胡人，因为有罪，逃奔到后梁，当时属段凝的部下。李嗣源派押牙临漳人范延光把康延孝请求投降的信用蜡封好送到后唐皇帝那里，范延光因此对后唐皇帝说道：“杨刘把守很牢固，梁军一定攻克不下，请在马家口修筑城堡，打通通向郓州的道路。”后唐皇帝听从了他的建议，派郭崇韬率领万人连夜起程直奔博州，到马家口渡过黄河，昼夜不停地在那里修筑城堡。后唐皇帝则在杨刘与后梁军昼夜交战。郭崇韬修筑新城工程进行了六天后，王彦章听到了这件事，便率领数万大军直奔新城，戊子（十五日），对新城发起紧急攻击，把十余艘战船连在一起放到河中央，断绝郭崇韬的援兵。当时马家口城堡的板墙刚刚修建完毕，但城墙很矮小，修墙用的沙土质量也不是特别的好，还没有修建瞭望台和守备设施。郭崇韬慰劳士卒，以身率先，四面抵抗，同时也派出密使向后唐军告急。后唐皇帝从杨刘率领大军前来救助，在新城西岸摆开阵势。城里的士卒望见援兵到来，斗志倍增，大声斥责后梁军队。后梁军砍断了连接战船的绳子，收起了战船。后唐皇帝的船刚要渡河，王彦章便撤除了包围，退到邹家口坚守。这才打通了郓州向后唐皇帝奏报的道路。

【原文】

戊午，帝遣骑将李绍荣直抵梁营，擒其斥候，梁人益恐，又以火筏焚其连舰。王彦章等闻帝引兵已至邹家口，己未，解杨刘围，走保杨村。唐兵追击之，复屯德胜。梁兵前后急攻诸城，士卒遭矢石、溺水、暍死者且万人，委弃资粮、铠仗、锅幕，动以千计。杨刘比至围解，城中无食已三日矣。

王彦章疾赵、张乱政，及为招讨使，谓所亲曰："待我成功还，当尽诛奸臣以谢天下!"赵、张闻之，私相谓曰："我辈宁死于沙陀，不可为彦章所杀。"相与协力倾之。段凝素疾彦章之能而谄附赵、张，在军中与彦章动相违戾，百方沮桡之，惟恐其有功，潜伺彦章过失以闻于梁主。每捷奏至，赵、张悉归功于凝，由是彦章功竟无成。及归杨村，梁主信谗，犹恐彦章旦夕成功难制，征还大梁，使将兵会董璋攻泽州。

【译文】

七月戊午（十六日），后唐皇帝派骑将李绍荣直抵后梁营，抓获后梁军的哨兵，后梁军感到十分恐惧。李绍荣又用火点着木筏焚烧了后梁军连接在一起的战船。王彦章等部听说后唐皇帝已经率兵抵达邹家口，己未（十七日），便撤去了对杨刘的包围，逃到杨村坚守。后唐军追击后梁军，驻扎在德胜。后梁军先后紧急攻打后唐的几座城，士卒们遭受箭石击毙的、被河水淹死的、中暑而死的将近一万人，丢弃的物资、粮食、铠甲、武器、军锅、幕帐等，不计其数。等到杨刘解除包围的时候，城中人已经三天没有粮食吃了。

王彦章特别憎恨赵岩、张汉杰扰乱国政，当了招讨使后，对其亲信说道："等我成功地返回去，将杀掉全部奸臣，以此来向天下的老百姓赔罪。"赵岩、张汉杰听到此话后，私下议论道："我们宁愿被沙陀族杀掉，也不能被王彦章所杀。"他们同心协力地合作，准备扳倒王彦章。段凝平素就很嫉妒王彦章的才能，因而献媚依附赵、张，在军中动不动就和王彦章作对，千方百计地败坏损害王彦章的声誉，恐怕他建立战功，经常偷偷地刺探王彦章的过错，报告梁王。王彦章每次送来捷报，赵、张都把功劳说成是段凝的，所以王彦章竟没有建立伟业。他回到杨村后，后梁王便相信了他的谗言，又怕王彦章一旦取得成功就很难控制，便把他调回大梁，让他率兵和董璋一同去攻打泽州。

【原文】

初，梁主遣段凝监大军于河上，敬翔、李振屡请罢之，梁主曰："凝未有过。"振曰："俟其有过，则社稷危矣。"至是，凝厚赂赵、张求为招讨使，翔、振力争以为不可。赵、张主之，竟代王彦章为北面招讨使，于是宿将愤怒，士卒亦不服。天下兵马副元帅张宗奭言于梁主曰："臣为副元帅，虽衰朽，犹足为陛下扞御北方。段凝晚进，功名未能服人，众议汹汹，恐贻国家深忧。"敬翔曰："将帅系国安危，今国势已尔，陛下岂可尚不留意邪！"梁主皆不听。

戊子，凝将全军五万营于王村，自高陵津济河，剽掠澶州诸县，至于顿丘。

梁主命王彦章将保銮骑士及他兵合万人，屯兖、郓之境，谋复郓州，以张汉杰监其军。

【译文】

当初，后梁主曾派遣段凝在黄河上监督大军作战，敬翔、李振多次请求罢免他。后梁主说道："段凝没有犯错。"李振说："等到他有了过错的时候，国家就会有危机了。"正在这个时候，段凝用丰厚的礼物贿赂赵岩、张汉杰，请求出任招讨使，敬翔、李振据理力争，认为不可以任命段凝出任此职。最后由赵、张做主，竟用段凝替代了王彦章出任北面招讨使的职务，于是老将们都十分愤怒，士卒们也都很不服气。天下兵马副元帅张宗奭对后梁主说道："臣做天下兵马副元帅，现在虽然已经老了，但足可以为陛下抵抗北方的侵略者。段凝是一个晚辈，他的功劳和声望不能服人，大家对这件事都议论纷纷，恐怕要给国家带来深深的隐患。”敬翔也说道：“军队的将帅关系到国家的安危，现在国家的形势已经很危急，难道陛下没有忧患吗？”后梁主都没有听取他们的意见。

戊子（八月十七日），段凝率领五万大军驻扎王村，从高陵津渡过黄河，抢劫掠夺了澶州各县，然后到达了顿丘。

后梁主命令王彦章率领保銮骑士和其他兵力共一万多人驻扎在兖州、郓州境内，打算夺回郓州，并派张汉杰监督这支军队。

【原文】

戊戌，康延孝帅百馀骑来奔，帝解所御锦袍玉带赐之，以为南面招讨都指挥使，领博州刺史。帝屏人问延孝以梁事，对曰：“梁朝地不为狭，兵不为少，然迹其行事，终必败亡。何则？主既暗懦，赵、张兄弟擅权，内结宫掖，外纳货赂，官之高下唯视赂之多少，不择才德，不校勋劳。段凝智勇俱无，一旦居王彦章、霍彦威之右，自将兵以来，专率敛行伍以奉权贵。每出一军，不能专任将帅，常以近臣监之，进止可否动为所制。近又闻欲数道出兵，令董璋引陕虢、泽潞之兵自石会关趣太原，霍彦威以汝、洛之兵自相、

卫、邢、洺寇镇定，王彦章、张汉杰以禁军攻郓州，段凝、杜晏球以大军当陛下，决以十月大举。”

【译文】

戊戌（二十七日），康延孝率领一百多名骑兵前来投奔后唐，后唐皇帝脱下身上的锦袍玉带赏赐给他，并任命他为南面招讨都指挥使，并兼任博州刺史。后唐皇帝让周围的人都退了下去，然后向康延孝询问后梁的事情。康延孝回答说道：“梁朝的地盘很大，兵力也非常强，然而看它过去所做的事情，最后一定会灭亡。这是为什么呢？梁主愚昧无能，赵、张兄弟独揽大权，勾结皇宫里面的人，外面接受贿赂，官职的高低只看贿赂的多少来决定，对才能和品德不加选择，也不管有没有功劳。段凝全然没有智勇，一夜之间竟爬到王彦章、霍彦威之上，自从段凝统兵以来，他任意摆布士卒，以此来讨好权贵。梁王每一次用兵，不愿把军权交给将帅，经常用亲信来监督着军队，军队是否前进，经常会受到这些人的制约。最近又听说梁主打算四面出击，命令董璋率领陕州、虢州、泽州、潞州的军队从石会关直驱太原，命令霍彦威率领汝州、洛州的军队从相州、卫州、邢州、洺州侵犯镇定，命令王彦章、张汉杰率领禁卫军攻克郓州，命令段凝、杜晏球率领大军抵挡陛下，决定在十月大举进攻。”

【原文】

帝在朝城，梁段凝进至临河之南，澶西、相南，日有寇掠。自德胜失利以来，丧刍粮数百万，租庸副使孔谦暴敛以供军，民多流亡，租税益少，仓廪之积不支半岁。泽潞未下。卢文进、王郁引契丹屡过瀛、涿之南，传闻俟草枯冰合，深入为寇。又闻梁人欲大举数道入寇，帝深以为忧，召诸将会议。宣徽使李绍宏等皆以为郓州城门之外皆为寇境，孤远难守，有之不如无之，请以易卫州及黎阳于梁，与之约和，以河为境，休兵息民，俟财力稍集，更图后举。帝不悦，曰："如此吾无葬地矣。"乃罢诸将，独召郭崇韬问之。对曰："陛下不栉沐，不解甲，十五馀年，其志欲以雪家国之仇耻也。今已正尊号，河北士庶日望升平，始得郓州尺寸之地，不能守而弃之，安能尽有中原乎！臣恐将士解体，将来食尽众散，虽画河为境，谁为陛下守之！臣尝细询康延孝以河南之事，度己料彼，日夜思之，成败之机决在今岁。梁今悉以精兵授段凝，据我南鄙，又决河自固，谓我猝不能渡，恃此不复为备。使王彦章侵逼郓州，其意冀有奸人动摇，变生于内耳。段凝本非将才，不能临机决策，无足可畏。降者皆言大梁无兵，陛下若留兵守魏，固保杨刘，自以精兵与郓州合势，长驱入汴，彼城中既空虚，必望风自溃。苟伪主授首，则诸将自降矣。不然，今秋谷不登，军粮将尽，若非陛下决志，大功何由可成！谚曰：‘当道筑室，三年不成。’帝王应运，必有天命，在陛下勿疑耳。”帝曰：“此正合朕志。丈夫得则为王，失则为虏，吾行决矣！”司天奏：“今岁天道不利，深入必无功。”帝不听。

【译文】

后唐皇帝在朝城，后梁将段凝率兵进军到临河县南面，澶州西面、相州南面每天都有敌人来骚扰。后梁自从在德胜失利以来，损失了百万粮草，租庸副使孔谦凶暴地收取赋税来供应军需，致使很多百姓逃跑，收上来的租税越来越少，仓库里的积蓄支持不了半年。泽州、潞州还没有被攻下。卢文进、王郁率领契丹人曾多次经过瀛洲、涿州的南面，据说等到草枯结冰时候就进一步深入后唐的境内。又听说后梁主准备从四面八方大举进攻后唐，后唐皇帝因此深深地感到忧患，于是召集诸将领商讨对策。宣徽使李绍宏等人都认为，郓州城门之外都是敌人的占领地，孤立遥远，很难守卫，占有不如放弃，请求用这些地方换取后梁的卫州和黎阳，和后梁约定和解，以黄河为界线，双方停止战争，让百姓安定，等到财力稍有积蓄的时候，再进一步策划以后的行动。后唐皇帝听后十分不高兴，说：“再这样下去，我就死无葬身之地了。”于是停止与诸位将领们的商议，单独召见郭崇韬。郭崇韬回答说：

“陛下不梳头洗脸、不解衣甲已经有十五年多了，您的愿望是想雪洗国家的深仇大恨。您现在已经名正言顺地当了皇帝，黄河以北的士卒百姓们天天盼望天下安宁，现在刚刚得到郓州这块十分狭小的地方，不能坚守而要放弃它，这样怎么才能将中原大地全部都占有呢？臣所担心的是将士们灰心丧气，将来粮食吃没了，大家都会离散，虽然划河为界，又有谁愿意为陛下坚守这些阵地呢？臣曾详细地向康延孝询问过黄河以南的情况，揣摩自己，估量敌人，日夜思考这些事情，臣认为成败的机会就在今年。梁国现在将全部精锐部队交给了段凝，占领我们的南边，又把河堤决开，以此来保护自己，认为我们不能立刻渡过黄河，他依靠这些有利条件就没有再设其他的防备了。他们派王彦章逼近郓州，目的是希望我方有奸人动摇，使我们内部发生变动。段凝本来就不是什么将才，他不能临阵决策，没有什么可感到畏惧的。投降过来的人都说大梁没有什么军队，如果陛下留下部分兵力坚守魏州，保卫杨刘，亲自率领精锐部队与郓州军会合起来，长驱直入汴梁，汴梁城中本来就十分空虚，一定会望风自溃。如果梁国伪主投降或者被杀，那么他们的各个将领自然也会投降。不然的话，今年秋天五谷不丰收，军粮就快要吃完了，如果陛下不下定决心，怎么可以成就大的功业呢？俗话说：‘当道筑室，三年不成。’即然陛下顺应天运登基为帝，一定会

有天命，关键是陛下不能再迟疑了。”后唐皇帝说：“这些正切合我的想法。大丈夫成则为王，败则为寇，我已经决定开始行动了。”司天上奏说道：“今年天道不利，深入敌境一定不会成功。”后唐皇帝没有听从。

【原文】

王彦章引兵逾汶水，将攻郓州，李嗣源遣李从珂将骑兵逆战，败其前锋于递坊镇，获将士三百人，斩首二百级，彦章退保中都。戊辰，捷奏至朝城，帝大喜，谓郭崇韬曰：“郓州告捷，足壮吾气。”己巳，命将士悉遣其家归兴唐。

【译文】

王彦章率兵过了汶水，向郓州发起进攻，李嗣源派遣李从珂率领骑兵迎战，并在递坊镇打败了王彦章的前锋军队，抓获了三百名将士，斩杀了二百人，王彦章退守中都。戊辰（九月二十七日），捷报上奏到朝城，后唐皇帝很高兴，对郭崇韬说道：“郓州首战告捷，这足以壮大我们的士气。”己巳（二十八日），命令将士们把全部家属送回到兴唐府。

【原文】

彦章尝谓人曰：“李亚子斗鸡小儿，何足畏！”至是，帝谓彦章曰："尔常谓我小儿，今日服未？"又问："尔名善将，何不守兖州？中都无壁垒，何以自固？"彦章对曰："天命已去，无足言者。"帝惜彦章之材，欲用之，赐药傅其创，屡遣人诱谕之。彦章曰："余本匹夫，蒙梁恩，位至上将，与皇帝交战十五年。今兵败力穷，死自其分，纵皇帝怜而生我，我何面目见天下之人乎！岂有朝为梁将，暮为唐臣！此我所不为也。"帝复遣李嗣源自往谕之，彦章卧谓嗣源曰："汝非邈佶烈乎？"彦章素轻嗣源，故以小名呼之。于是诸将称贺，帝举酒属嗣源曰："今日之功，公与崇韬之力也。向从绍宏辈语，大事去矣。"

帝又谓诸将曰："向所患惟王彦章，今已就擒，是天意灭梁也。段凝犹在河上，进退之计，宜何向而可？"诸将以为："传者虽云大梁无备，未知虚实。今东方诸镇兵皆在段凝麾下，所馀空城耳，以陛下天威临之，无不下者。若先广地，东傅于海，然后观衅而动，可以万全。"康延孝固请亟取大梁。李嗣源曰："兵贵神速。今彦章就擒，段凝必未之知，就使有人走告，疑信之间尚须三日。设若知吾所向，即发救兵，直路则阻决河，须自白马南渡，数万之众，舟楫亦难猝办。此去大梁至近，前无山险，方陈横行，昼夜兼程，信宿可至。段凝未离河上，友贞已为吾擒矣。延孝之言是也，请陛下以大军徐进，臣愿以千骑前驱。"帝从之。令下，诸军皆踊跃愿行。

【译文】

王彦章曾经对人说："李存勖是个斗鸡小儿，没有什么了不起的。"到这时，后唐皇帝李存勖对王彦章说道："你常说我是小儿，今天服不服气呢？"又问王彦章："你名为善战将领，为什么不坚守兖州？中都没有修筑防御工事，怎可能守得住？"王彦章回答说道："天命已去，没有什么好说的了。"后唐皇帝很爱惜王彦章的才能，打算任用他，赐药让他治疗伤口，曾屡次派人去劝降他。王彦章说道："我本来是一个平民，承蒙梁国的恩爱，把我提拔成上将，与皇帝交战了十五个多年头。今天兵败力穷，死是预料之中的事，纵使皇帝可怜我让我活着，我怎么有脸去见天下的人呢？哪里有早晨还是梁国的将领，晚上就变成唐国大臣的道理？这些我是不可能做的。"后唐皇帝又派李嗣源亲自去说服他，王彦章躺着对李嗣源说："你不是邈佶烈吗？"王彦章平素很轻视李嗣源，所以用小名来叫他。这时，各位将领都在举杯庆祝着胜利，后唐皇帝也举杯对李嗣源说："今日之功，全凭借你和郭崇韬的力量。假如听了李绍宏等人的话，就会耽误我的大事。"

后唐皇帝又对各位将领们说道："原来我所忧患的只有王彦章，今天他已经被抓获，这是天意要灭梁国。段凝现在还在黄河边上，进退维谷，我们应该往哪一个方向去才好呢？”各位将领认为：“传说梁国没有什么防备，但不知道是虚还是实。现在东方各镇的兵力都集中在段凝的手中，所剩下的全部都是空城，用陛下的天威去攻打这些城池，没有什么攻克不下的。如果先扩大我们所占据的地方，东面靠近海边，然后乘机行动，这样可以万无一失。”康延孝则坚决请求急速攻取大梁。李嗣源说：“兵贵神速。现在王彦章已经被抓获，段凝一定还不知道，即使有人跑去告诉他，段凝是信是疑也需要三天的时间来决定。假如他知道了我军的方向，就会发兵援救。如果我们从直路走，有决口的黄河阻拦，需要从白马以南渡过黄河，几万大军，船只很难办到。从这里到大梁最近，前面也没有高山险要的地方，把部队排成方阵，所向无阻，这样昼夜兼程，过两个晚上就可以抵达了。段凝还没有离开黄河边上，朱友贞就会被我们抓获。康延孝所讲是对的，臣请求陛下率领大军慢慢地向前推进，臣愿率领一千骑兵作为前锋。”后唐皇帝接受了他的意见。命令下达后，各路军队都踊跃要求出征。

【原文】

是夕，嗣源帅前军倍道趣大梁。乙亥，帝发中都，舁[①]王彦章自随。遣中使问彦章曰：“吾此行克乎？”对曰：“段凝有精兵六万，虽主将非材，亦未肯遽尔倒戈，殆难克也。”

帝知其终不为用，遂斩之。丁丑，至曹州，梁守将降。

【注释】

①舁：抬。

【译文】

这天晚上，李嗣源率领前锋部队快速直奔大梁。乙亥（初五），后唐皇帝从中都出发，抬着王彦章跟随其后。后唐皇帝派中使问王彦章说道："我们此去前行能够取得胜利吗？"王彦章回答说道："段凝率领精锐部队六万人，虽然主将没有才能，但也不会马上投降的，几乎很难打败他们。"后唐皇帝知道他最终也不会为己所用，便把他杀死了。丁丑（初七），后唐军到达曹州，后梁军驻军在那里的将领便投降了后唐军。

【原文】

王彦章败卒有先至大梁，告梁主以"彦章就擒，唐军长驱且至"者。梁主聚族哭曰："运祚尽矣！"召群臣问策，皆莫能对。梁主谓敬翔曰："朕居常忽卿所言，以至于此。今事急矣，卿勿以为怼。将若之何？"翔泣曰："臣受先帝厚恩，殆将三纪，名为宰相，其实朱氏老奴，事陛下如郎君。臣前后献言，莫匪尽忠。陛下初用段凝，臣极言不可，小人朋比，致有今日。今唐兵且至，段凝限于水北，不能赴救。臣欲请陛下出居避狄，陛下必不听从；欲请陛下出奇合战，陛下必不果决；虽使良、平更生，谁能为陛下计者！臣愿先赐死，不忍见宗庙之亡也。”因与梁主相向恸哭。

梁主遣张汉伦驰骑追段凝军。汉伦至滑州，坠马伤足，复限水不能进。

时城中尚有控鹤军数千，朱珪请帅之出战。梁主不从，命开封尹王瓒驱市人乘城为备。

初，梁陕州节度使邵王友诲，全昱之子也，性颖悟，人心多向之。或言其诱致禁军欲为乱，梁主召还，与其兄友谅、友能并幽于别第。及唐师将至，梁主疑诸兄弟乘危谋乱，并皇弟贺王友雍、建王友徽尽杀之。

梁主登建国楼，面择亲信厚赐之，使衣野服，赍蜡诏，促段凝军，既辞，皆亡匿。或请幸洛阳，收集诸军以拒唐，唐虽得都城，势不能久留。或请幸段凝军。控鹤都指挥使皇甫麟曰：“凝本非将才，官由幸进，今危窘之际，望其临机制胜，转败为功，难矣。且凝闻彦章军败，其胆已破，安知能终为陛下尽节乎！”赵岩曰：“事势如此，一下此楼，谁心可保！”梁主乃止。复召宰相谋之，郑珏请自怀传国宝诈降以纾国难，梁主曰：“今日固不敢爱宝，但如卿此策，竟可了否？”珏俯首久之，曰：“但恐未了。”左右皆缩颈而

笑。梁主日夜涕泣，不知所为，置传国宝于卧内，忽失之，已为左右窃之迎唐军矣。

【译文】

王彦章的败卒有先跑回大梁的，他们告诉后梁主，王彦章已经被后唐军给抓住了，后唐军长驱直入，就要到来了。后梁主把全家聚集在一起边哭边说道："国运已经完了。"又召集大臣们问他们有没有好办法，大臣们都答不上来。后梁主对敬翔说道："我平时忽视了你的话，才导致今天这种下场。现在事情十分紧急，你不要怨恨以往我对你的不公待遇。你说说现在该怎么办呢?"敬翔边哭边说道："臣蒙受先帝的恩赐，大概三十余年了，名为宰相，其实是朱家的老奴，侍奉陛下像儿子一样。臣前前后后贡献的意见，无一不是忠心耿耿的。陛下当初起用段凝时，臣极力建议不可以使用，小人们互相依附勾结，所以才导致有今天这样的结果。现在唐军就要来了，段凝隔在黄河以北，不能赶来援救。臣打算请陛下到北面狄族那里去躲避一下，陛下一定不会听从臣的建议；如果请求陛下出奇兵与唐军交战，陛下也一定不会果断地决定。即使汉代的张良、陈平重返人间，谁又能为陛下想出什么好的法子来呢？臣希望陛下赐臣先死，臣不忍心看到国家的灭亡！"于是和后梁主面对面大哭一场。

后梁主派出张汉伦骑马急追段凝的军队。张汉伦到滑州的时候，从马上掉下来，把脚给摔伤了，后来又被水挡住了不能前行。

当时城中还有几千控鹤军，朱珪请求率领这些军队出去迎战。后梁主没有答应，而命令开封尹王瓒驱赶市民登城守备。

当初，后梁陕州节度使邵王朱友诲是朱全昱的儿子，十分聪明，人心多向着他。有人说他可能诱惑禁军作乱，后梁主就把给他召了回来，和他的哥哥朱友谅、朱友能一起关在单独的府第里。后唐军将要到来的时候，后梁主怀疑他们弟兄会乘危作乱，便把他们和皇弟贺王朱友雍、建王朱友徽全部给杀死了。

后梁主登上大梁城建国楼，当面选择亲信，给了他们丰厚的奖赏，让他们穿上老百姓的衣服，又送给他们一份用蜡封的诏书，让他们去催促段凝的军队。刚刚告别后梁主，这些人就都逃跑躲藏了起来。有人请求后梁主到洛阳，把各军聚集起来抵抗后唐军，后唐军虽然占领了都城，但形势不允许他们久留。有人请求到段凝的军队那里。控鹤都指挥使皇甫麟说："段凝本来就不是将才，他的官位是因为他妹妹才得到晋升的，现在正是危难之时，希望他面对情势灵活机动地取得胜利，立下扭转败局的功劳是很难的。况且段凝听到王彦章已被打败，他恐怕早已被吓破了胆，怎么知道他能否在最

后时刻为陛下尽忠呢?”赵岩说道:“事态发展到现在这种地步,一下这座楼,谁的忠心能保证呢!”后梁主决定不到段凝那里去。后来又招来宰相郑珏商量,郑珏请求自己拿着传国之宝去假装投降后唐军纾解国难。后梁主说道:“今天我固然不敢再爱国宝,如果按你的这一办法去办理,真能解除国难吗?”郑珏低下头好长一段时间,说道:“恐怕不可以。”后梁主的左右大臣们都缩着脖子大笑。后梁主日夜哭哭啼啼,不知道怎么办才好。他把传国之宝放到卧室最里面,突然有一天发现不见了,原来已经被左右随侍亲信们偷去迎接后唐军去了。

【原文】

戊寅,或告唐军已过曹州,尘埃涨天,赵岩谓从者曰:“吾待温许州厚,必不负我。”遂奔许州。

梁主谓皇甫麟曰:“李氏吾世雠,理难降首,不可俟彼刀锯。吾不能自裁,卿可断吾首。”麟泣曰:“臣为陛下挥剑死唐军则可矣,不敢奉此诏。”梁主曰:“卿欲卖我邪?”麟欲自刭,梁主持之曰:“与卿俱死。”麟遂弑梁主,因自杀。梁主为人温恭俭约,无荒淫之失,但宠信赵、张,使擅威福,疏弃敬、李旧臣,不用其言,以至于亡。

【译文】

戊寅（初八），有人报告说后唐军已经过了曹州，满天都是尘埃，赵岩对他的随从说道："我对待温韬十分的好，他一定不会做对不起我的事。"便跑到了许州。

后梁主对皇甫麟说道："李氏是我家世世代代的仇人，理难投降他们，不能等着让他们来杀死我。如果我不敢自杀，你可以把我的头颅砍下来。"皇甫麟哭着说："臣为陛下挥剑抗战死于唐军之手是可能的，但不敢接受这个诏令。"后梁主说道："你难道打算出卖我吗？"皇甫麟想要自杀，后梁主拉住他说："我要和你一块儿去死。"皇甫麟便杀了后梁主，随即自杀了。后梁主为人温和恭敬，而且简朴，没有荒淫方面的过失，只是特别宠爱和相信赵岩、张汉杰，使他们独断专行，作威作福，疏远和冷落了敬翔、李振等旧臣，不听从他们的建议，最终导致灭亡。

【原文】

己卯旦，李嗣源军至大梁，攻封丘门，王瓒开门出降，嗣源入城，抚安军民。是日，帝入自梁门，百官迎谒于马首，拜伏请罪，帝慰劳之，使各复其位。李嗣源迎贺，帝喜不自胜，手引嗣源衣，以头触之曰："吾有天下，卿父子之功也，天下与尔共之。"帝命访求梁主，顷之，或以其首献。

李振谓敬翔曰："有诏洗涤吾辈，相与朝新君乎？"翔曰："吾二人为梁宰相，君昏不能谏，国亡不能救。新君若问，将何辞以对？"是夕未曙，或报翔曰："崇政李太保已入朝矣。"翔叹曰："李振谬为丈夫！朱氏与新君世为仇雠，今国亡君死，纵新君不诛，何面目入建国门乎！"乃缢而死。

辛巳，诏王瓒收朱友贞尸，殡于佛寺，漆其首，函之，藏于太社。

【译文】

己卯（初九）早晨，李嗣源的军队抵达大梁城，向封丘门发起进攻，王瓒开门出来投降，李嗣源进入城里，安抚城内军民。这一天，后唐皇帝从梁门进入城内，后梁国的百官们在后唐皇帝的马前迎接，并跪在那里请罪，后唐皇帝慰劳他们，保留他们各自的官位。李嗣源出来迎接并祝贺后唐皇帝，后唐皇帝喜不自胜，用手拉着李嗣源的衣服，用头撞了一下李嗣源说道："我今天得以取得天下，完全是因为你们父子二人的功劳，我要和你们一同共享天下。"后唐皇帝命令访求后梁主，过了片刻后，有人拿着后梁主的脑袋献给了后唐皇帝。

李振对敬翔说："唐皇帝下诏为我们免罪，我们俩该去朝见新君主吗？"敬翔说："我们两人身为梁国的宰相，只是君主昏庸不能采纳我们的进谏，如今国家要灭亡了我们又

不能拯救。如果新君主问起我们这些，我们该用什么话来回答他呢?”这天夜里天未大亮的时候，有人来报告敬翔说道：“崇政使太保李振已经入朝投降了。”敬翔叹息地说道：“李振枉为大丈夫！朱氏与新君世世代代为仇敌，现在国亡君死，即使新君主不杀掉我，我还有什么脸再继续进入大梁的建国门呢?”便自缢而死。

辛巳（十一日)，后唐皇帝下诏命令王瓒收敛后梁主朱友贞的尸体，停放在佛寺里，给他的头部涂上油漆，然后入殓，放在太社里面。

【原文】

乙酉，梁西都留守河南尹张宗奭来朝，复名全义，献币马千计。帝命皇子继岌、皇弟存纪等兄事之。帝欲发梁太祖墓，斫棺焚其尸。全义上言：“朱温虽国之深仇，然其人已死，刑无可加，屠灭其家，足以为报，乞免焚斫以存圣恩。”帝从之，但铲其阙室，削封树而已。

帝幼善音律，故伶人多有宠，常侍左右。帝或时自傅粉墨，与优人共戏于庭，以悦刘夫人。优名谓之“李天下”，尝因为优，自呼曰“李天下，李天下”。优人敬新磨遽前批[1]其颊。帝失色，群优亦骇愕，新磨徐曰：“理天下者只有一人，尚谁呼邪!”帝悦，厚赐之。帝尝畋于中牟，践民稼，中牟令当马前谏曰：“陛下为民父母，奈何毁其所食，使转死沟壑乎！”帝怒，叱去，将杀之。敬新磨追擒至马前，责之曰：“汝为县令，独不知吾天子好猎邪？奈何纵民耕种，以妨吾天子之驰骋乎！汝罪当死！”因请行刑，帝笑而释之。

诸伶出入宫掖，侮弄缙绅，群臣愤嫉，莫敢出气，亦反有相附托以希恩泽者，四方藩镇争以货赂结之。其尤蠹政害人者，景进为之首。进好采闾阎[2]鄙细事闻于上，上亦欲知外间事，遂委进以耳目。进每奏事，常屏左右问之，由是进得施其谗慝，干预政事。自将相大臣皆惮之，孔岩常以兄事之。

【注释】

①批：（用手）击。

②闾阎：指平民。

【译文】

乙酉，后梁西都留守河南尹张宗奭来拜见，后唐皇帝恢复了他的名字，还叫张全义，张全义所贡献的钱币、马匹数以万计。后唐皇帝命皇子李继岌、皇弟李存纪等把他看作是兄长。后唐皇帝打算挖掘后梁太祖的坟墓，砍开他的棺材，焚烧他的尸体。张全义上书说道：“朱温虽然是国家的大敌人。但他已死，不能再给他以什么样的刑罚，诛灭了他的全家，已经够了，请求不要砍开他的棺材和烧毁他的尸体，以此来保留皇帝对他的恩情。”后唐皇帝听从了他的建议，只是铲除了他坟上的建筑，砍掉了他坟上的树木罢了。

后唐皇帝小的时候就喜欢音乐，所以伶人备受宠爱，经常侍奉在他左右。后唐皇帝有时候自己也涂上粉墨，和优伶一起在宫廷里玩耍，来讨刘夫人的欢心。他艺名为“李天下”，因为他演戏的时候，自己喊自己“李天下，李天下的”。有一次，一个叫敬新磨的戏子突然上前打他的脸，后唐皇帝突然变了脸色，众戏子也十分害怕，敬新磨慢慢地说道：“治理天下的人只有一个，你还呼谁呢？”后唐皇帝听了特别高兴，便赏赐给他丰厚的礼物。后唐皇帝曾在中牟打猎，践踏了百姓的庄稼，中牟县令站在他的马前进谏说道：“陛下是老百姓的衣食父母，怎么能够毁坏他们所吃的食物呢？难道是想让他们活活地饿死后把尸体扔到沟壑里吗？”后唐皇帝听了很生气，大声斥责让他离开，准备把他给杀掉。敬新磨赶忙追上了他，并把他抓回后唐皇帝的马前，责骂他说道：“你当县令，难道不知道我们的天子喜欢打猎吗？为什么你要放任百姓在这里耕种庄稼，以妨碍天子驰骋打猎呢？你罪当处死。”因此请求后唐皇帝把他给杀死，后唐皇帝笑了笑，便把他释放了。

优伶们常出入皇宫，捉弄欺负士大夫，大臣们很愤

恨，但又不敢对他们生气，有人反而依附或拜托他们求得后唐皇帝的恩泽，四面八方的藩镇官员们也争着贿赂、巴结。害政害人最严重的是以景进为首的伶人。景进喜欢采集一些民间小故事说给后唐皇帝听，后唐皇帝也想知道一些宫外之事，便把景进当作自己的耳目。景进每次去后唐皇帝那里报告事情的时候，后唐皇帝都要让左右的人退下去后才问他，因此景进也乘机说别人的坏话，干预一些政事。从将相大臣往下的官员们都害怕他，孔岩常把他看作是兄长。

石郎造反（卷二百八十◎后晋纪一）

【原文】

后晋高祖天福元年

癸丑，唐主以千春节置酒，晋国长公主上寿毕，辞归晋阳。帝醉，曰："何不且留，遽归，欲与石郎反邪！"石敬瑭闻之，益惧。

三月，丙午，以翰林学士、礼部侍郎马胤孙为中书侍郎、同平章事。胤孙性谨懦，中书事多凝滞，又罕接宾客，时人目为"三不开"，谓口、印、门也。

【译文】

后晋高祖天福元年（丙申，公元936年）

癸丑（正月二十三日），后唐末帝在自己的生日千春节置酒摆宴，晋国长公主上寿祝贺完后，告别回到晋阳。当时末帝已经喝得酩酊大醉了，便说道："为什么不多待些时候呢？难道你是想忙着赶回去帮石郎造反吗？"石敬瑭听说后，十分害怕。

三月，丙午（十七日），末帝任用翰林学士、礼部侍郎马胤孙为中书侍郎、同平章事。马胤孙性格谨慎懦弱，中书省办事往往拖拖拉拉，又很少接待客人，时人说他是口、印、门"三不开"。

【原文】

石敬瑭尽收其货之在洛阳及诸道者归晋阳，托言以助军费，人皆知其有异志。唐主夜与近臣从容语曰："石郎于朕至亲，无可疑者，但流言不释，万一失欢，何以解之？"皆不对。

端明殿学士、给事中李崧退谓同僚吕琦曰："吾辈受恩深厚，岂得自同众人，一概观望邪！计将安出？"琦曰："河东若有异谋，必结契丹为援。契丹母以赞华在中国，屡求和亲，但求萴剌等未获，故和未成耳。今诚归萴剌等与之和，岁以礼币约直十馀万缗遗之，彼必欢然承命。如此，则河东虽欲陆梁，无能为矣。"崧曰："此吾志也。然钱谷皆出三司，宜更与张相谋之。"遂告张延朗，延朗曰："如学士计，不惟可以制河东，亦省边费之什九，计无便于此者。若主上听从，但责办于老夫，请于库财之外捃拾以供之。"

他夕，二人密言于帝，帝大喜，称其忠，二人私草《遗契丹书》以俟命。

【译文】

石敬瑭把他在洛阳及诸道的财物全部收拢送回晋阳，说是赞助军费，人们都知道他是心怀异志。唐主在夜间同近臣从容平淡地说道："石郎是朕的至亲，没有什么可以猜疑的，但是流言不断，万一朕与他失掉信任和亲近，那么该怎么办呢？"众臣都没有作答。

端明殿学士、给事中李崧退下来对同僚吕琦说道："我们这些人受恩深厚，怎能把自己等同于众人，一概观望呢？现在你能想出什么办法来吗？"吕琦说："河东那里如果有别的打算，必然要勾结契丹来做援助。契丹太后因为他的长子李赞华投降中国，多次要求和亲，但是，他们要求释放萴剌回去没有得到结果，所以和议还没有成功。目前，如果真能把萴剌等人放归与他们议和，每年用大概价值十多万缗的礼物、钱财送给他们，他们必定会高兴地听命于我朝。假如做到这样，那么河东即使想蠢动，也就无能为力了。"李崧说："你所说的与我的想法一样。然而钱、粮都要从三司支出，需要进一步同张丞相商议。"他们便把事情告诉了张延朗，张延朗说道："按学士的策划，不但可以制约河东，也可以节省戍边费用十分之九，再也没有比这更好的计谋了。

如果主上听从了这个建议，只要责成老夫去办理就可以了，可以到国家财库之外去搜集，以供使用。”又一个晚间，二人秘密地把这个办法陈述给末帝，末帝十分高兴，称道二人的忠心，二人私下草拟《遗契丹书》等待命令。

【原文】

久之，帝以其谋告枢密直学士薛文遇，文遇对曰：“以天子之尊，屈身奉夷狄，不亦辱乎！又，虏若循故事求尚公主，何以拒之？”因诵戎昱《昭君诗》曰：“安危托妇人。”帝意遂变。一日，急召崧、琦至后楼，盛怒，责之曰：“卿辈皆知古今，欲佐人主致太平，今乃为谋如是！朕一女尚乳臭，卿欲弃之沙漠邪？且欲以养士之财输之虏庭，其意安在？”二人惧，汗流浃背，曰：“臣等志在竭愚以报国，非为虏计也，愿陛下察之。”拜谢无数，帝诟责不已。吕琦气竭，拜少止，帝曰：“吕琦强项，肯视朕为人主邪！”琦曰：“臣等为谋不臧，愿陛下治其罪，多拜可为！”帝怒稍解，止其拜，各赐卮酒罢之，自是群臣不敢复言和亲之策。丁巳，以琦为御史中丞，盖疏之也。

【译文】

过了一段时间，末帝把他们的策略告诉了枢密直学士薛文遇，薛文遇回答说：“以天子的尊崇，屈身侍奉夷狄野人，不是太耻辱了吗？再者说，如果那胡虏按照过去的做法来谋求迎娶公主去和亲，拿什么来拒绝他？”接着就诵读唐人戎昱的《昭君诗》说：“安危托妇人。”末帝的思想便有了改变。一天，紧急招来李崧和吕琦到后楼，十分怒火，责怪他们说道：“你们这些人都是懂得历史的，是想要辅佐人主平定天下的，怎么现在竟然想出了这么个馊主意呢？朕有一个女儿年龄还很小，你们是想把她抛到大沙漠里去生活吗？而且，要把国家养兵的财力输送到胡虏那里去，你们存有什么居心呢？”李崧和吕琦十分惶恐，汗流浃背，说道:“臣等的本意是要尽心竭力报效国家，不是在替胡虏做打算，希望陛下明察秋毫。”二人无数次拜谢求恕，末帝指责不停。吕琦气力不继，叩拜稍有停顿，末帝说道：“吕琦很倔强，你还肯把朕看作人主吗？”吕琦说：“我们谋事不善，愿陛下治罪，多拜又有什么用呢？”末帝的恼怒稍微有了一点缓解，止住他们的叩拜，每人赐给一杯酒，让他们出宫了，从此群臣不敢再提和亲的意见了。丁巳（二十八日），末帝任用吕琦为御史中丞，大概是有意疏远他的意思。

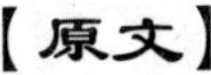

【原文】

初，石敬瑭欲尝唐王之意，累表自陈羸疾，乞解兵柄，移他镇。帝与执政议从其请，移镇郓州。房暠、李崧、吕琦等皆力谏，以为不可，帝犹豫久之。

五月，庚寅夜，李崧请急在外，薛文遇独直，帝与之议河东事，文遇曰："谚有之：'当道筑室，三年不成。'兹事断自圣志。群臣各为身谋，安肯尽言！以臣观之，河东移亦反，不移亦反，在旦暮耳，不若先事图之。"先是，术者言国家今年应得贤佐，出奇谋，定天下。帝意文遇当之，闻其言，大喜，曰："卿言殊豁吾意，成败吾决行之。"即为除目，付学士院使草制。辛卯，以敬瑭为天平节度使，以马军都指挥使、河阳节度使宋审虔为河东节度使。制出，两班闻呼敬瑭名，相顾失色。

【译文】

以前，石敬瑭想试探末帝的意图，屡次上表陈诉身体虚弱有病，以请求解除他的兵权，调迁到别的镇所。末帝与执政大臣讨论商议后准备答应他的请求，把他移镇郓州。房暠、李崧、吕琦等人都极力谏劝，认为不可以这样做，末帝犹疑了很久。

五月，庚寅（初二）夜间，李崧因有急事请假在外，薛文遇独自一人承值夜班，末帝同他议论河东的事情，薛文遇说道："俗话说：'在道路当中盖房，三年也盖不成。'这种事情只能由主上的意志来进行决断。群臣各为自身利害做打算，怎么会什么话都说呢？以臣愚见，河东的事，移镇也反，不移也要反，只是时间的早晚罢了，不如走在前头，先把他给解决了。”以前，有术士说国家今年应该得到贤人辅佐，提出奇谋来平定天下。末帝以为这个人当由薛文遇来应验，听到他的话，十分高兴，说道：“爱卿的话，使我心意豁然开朗，不论成功与否，我决心已定。”立即命薛文遇写好封授官职的拟议，交付学士院草拟任命制书。辛卯（初三），任命石敬瑭为天平节度使，任用马军都指挥使、河阳节度使宋审虔为河东节度使。制令一出，文武两班听到呼叫石敬瑭的名字，便相顾失色。

【原文】

甲午，以建雄节度使张敬达为西北蕃汉马步都部署，趣敬瑭之郓州。敬瑭疑惧，谋于将佐曰：“吾之再来河东也，主上面许终身不除代，今忽有是命，得非如今年千春节与公主所言乎？我不兴乱，朝廷发之，安能束手死于道路乎！今且发表称疾，以观其意，若其宽我，我当事之；若加兵于我，我则改图耳。”幕僚段希尧极言拒之，敬瑭以其朴直，不责也。节度使判官华阴赵莹劝敬瑭赴郓州。观察判官平遥薛融曰：“融书生，不习军旅。”都押牙刘知远曰：“明公久将兵，得士卒心，今据形胜之地，士马精强，若称兵传檄，帝业可成，奈何以一纸制书自投虎口乎？”掌书记洛阳桑维翰曰：“主上初即位，明公入朝，主上岂不知蛟龙不可纵之深渊邪？然卒以河东复授公，此乃天意假公以利器。明宗遗爱在人，主上以庶孽代之，群情不附。公明宗之爱婿，今主上以反逆见待，此非首谢可免，但力为自全之计。契丹素与明宗约为兄弟，今部落近在云、应，公诚能推心屈节事之，万一有急，朝呼夕至，何患无成？”敬瑭意遂决。

先是，朝廷疑敬瑭，以羽林将军宝鼎杨彦询为北京副留守，敬瑭将举事，亦以情告之。彦询曰：“不知河东兵粮几何，能敌朝廷乎？”左右请杀彦询，敬瑭曰：“惟副使一人我自保之，汝辈勿言也。”

【译文】

甲午（初六），末帝任用建雄节度使张敬达为西北蕃汉马步都部署，催促石敬瑭速赴郓州。石敬瑭很是疑惧，便和他的将佐计议，说道：“我第二次来河东的时候，主上曾当面答应我终身不再派别人来替换我，现在又突然有了这样的一个命令，莫非像今年过千春节的时候，主上同公主所讲的那样吗？我如果不造反，朝廷就要先发制人，我怎么能束手被擒，死在路上呢？现在我要上表说有病，来观察朝廷对我的意向，如果他对我很宽容，我就臣事他；如果他对我用武，那我就要另谋打算了。”幕僚段希尧极力反对，石敬瑭因为他为人直率，并不因此而责怪他。节度使判官华阴人赵莹劝石敬瑭去郓州赴任。观察判官平遥人薛融说：“我是个书生，不懂得用兵作战之事。”都押牙刘知远说道：“明公

您一直统领兵将，很受士兵们的爱戴，如今正占据着有利的地势，将士们精锐强悍，车马粮草准备充足，如果起兵，传发檄文宣示各道，可以完成统一国家的帝王大业，怎么能只为一道朝廷制令便自投罗网呢？”掌书记洛阳人桑维翰说道：“当初主上即位之时，明公您入京朝贺，主上岂能不懂得蛟龙不可纵之归渊的道理呢？然而到底还是把河东再一次交还给您，这正是上天要借一把快刀给您。先帝明宗的遗爱留给了后人，主上却用旁支的庶子来取代大位，群情是不顺从于他的。您是明宗的爱婿，可是现在主上却把您当作叛逆之人来看待，这就不是仅仅靠低头表示服从所能取得赦免的了，只能努力想办法保全自己了。契丹向来同明宗协约做兄弟之邦，现在，他们的部落近在云州、应州，如果您真能推心置腹地曲意讨好他们，万一有了急变的事情，早上叫他们帮忙，晚上就能到来，还担心有什么事情办不成吗？”石敬瑭便下了造反的决心。

以往，朝廷猜疑石敬瑭，任用羽林将军宝鼎人杨彦询为北京太原的副留守，石敬瑭将要起兵造反，也把事情告诉了他。杨彦询说：“不知道河东现在有多少兵士和粮秣，能够敌得过朝廷吗？”石敬瑭左右的人请求把杨彦询杀死，石敬瑭说道：“我可以保证只有副使一人没有问题，你们大家就不要再说了。”

【原文】

戊戌，昭义节度使皇甫立奏敬瑭反。敬瑭表："帝养子，不应承祀，请传位许王。"帝手裂其表抵地，以诏答之曰："卿于鄂王固非疏远，卫州之事，天下皆知，许王之言，何人肯信？"壬寅，制削夺敬瑭官爵。乙巳，以张敬达兼太原四面排陈使，河阳节度使张彦琪为马步军都指挥使，以安国节度使安审琦为马军都指挥使，以保义节度使相里金为步军都指挥使，以右监门上将军武廷翰为壕寨使。丙午，以张敬达为太原四面兵马都部署，以义武节度使杨光远为副部署。丁未，又以张敬达知太原行府事，以前彰武节度使高行周为太原四面招抚、排陈等使。光远既行，定州军乱，牙将千乘方太讨平之。

【译文】

戊戌（初十），昭义节度使皇甫立奏报石敬瑭叛乱。石敬瑭上表称："皇帝是一个养子，不应当继位，请把皇位传给许王李从益。"末帝把石敬瑭的表章撕碎扔在了地上，用诏书回答他说道："你同鄂王李从厚本来就并不疏远，卫州的事情，天下的人全都知道，许王的话，谁肯相信呢？"壬寅（十四日），末帝下了制令，削夺了石敬瑭的官爵。乙巳（十七日），末帝任用张敬达兼太原四面排陈使，河阳节度使张彦琪为马步军都指挥使，任用安国节度使安审琦为马军都指挥使，任用保义节度使相里金为马步军都指挥使，任用右监门上将军武廷翰为壕寨使。丙午（十八日），任命张敬达为太原四面兵马都部署，任命义武节度使杨光远为副部署。丁未（十九日），又任命张敬达主持太原行府事，任命前彰武节度使高行周为太原四面招抚、排陈等使。杨光远离任后，定州军叛乱，牙将千乘县人方太讨平了这场叛乱。

【原文】

张敬达将兵三万营于晋安乡。戊申，敬达奏西北先锋马军都指挥使安审信叛奔晋阳。审信，金全之弟子也，敬瑭与之有旧。先是，雄义都指挥使马邑安元信将所部六百馀人戍代州，代州刺史张朗善遇之。元信密说朗曰："吾观石令公长者，举事必成，公何不潜遣人通意，可以自全。"朗不从，由是互相猜忌。元信谋杀朗，不克，帅其众奔审信，审信遂帅麾下数百骑与元信掠百井奔晋阳。敬瑭谓元信曰："汝见何利害，舍强而归弱？"对曰："元信非知星识气，顾以人事决之耳。夫帝王所以御天下，莫重于信。今主上失大信于令公，亲而贵者且不自保，况疏贱乎？其亡可翘足而待，何强之有？"敬瑭悦，委以军事。振武西北巡检使安重荣戍代北，帅步骑五百奔晋阳。重荣，朔州人也。以宋审虔为宁国节度使、充侍卫马军都指挥使。

【译文】

张敬达率兵三万在晋安乡安营扎寨。戊申（二十日），张敬达奏报西北先锋马军都指挥使安审信叛奔晋阳。安审信是安金全的侄子，与石敬瑭旧有来往。过去，雄义都指挥使马邑人安元信带领所部六百多人戍守代州，代州刺史张朗待他特别好。安元信暗中劝说张朗道：“我看石令公是个长者，他举兵造反，一定会取得成功，您何不暗地派人去表达心意，这样就可以保全自己。”张朗不听，从此以后二人互相猜疑。安元信企图杀了张朗，但是没有成功，便带领自己的部下兵众投奔安审信，安审信便率领他指挥下的几百骑兵与安元信会合，抢掠百姓以后，投奔晋阳。石敬瑭对安元信说道：“你看出什么利害，竟然舍强而归弱呢？”安元信回答说道：“我并不会观察星象，只是用人事的判断来做决定罢了。谈起帝王之所以能够临御天下，没有比信誉更可贵的了。如今，主上对令公您失去了信任，至亲而且尊贵的人尚不能自保，何况疏远而卑微的人呢？他的灭亡之日很快就会来临了，他算什么强啊？”石敬瑭听了十分高兴，便让他掌管军事。振武西北巡检使安重荣戍守代北，也率领步兵和骑兵五百人投奔晋阳。安重荣是朔州人。朝廷任命宋审虔为宁国节度使、侍卫马军都指挥使。

【原文】

癸亥，唐主以张令昭为右千牛卫将军，权知天雄军府事。令昭以调发未集，且受新命。寻有诏徙齐州防御使，令昭托以士卒所留，实俟河东之成败。唐主遣使谕之，令昭杀使者。甲戌，以宣武节度使兼中书令范延光为天雄四面行营招讨使，知魏博行府事，以张敬达充太原四面招讨使，以杨光远为副使。丙子，以西京留守李周为天雄军四面行营副招讨使。

石敬瑭遣间使求救于契丹，令桑维翰草表称臣于契丹主，且请以父礼事之，约事捷之日，割卢龙一道及雁门关以北诸州与之。刘知远谏曰："称臣可矣，以父事之太过。厚以金帛赂之，自足致其兵，不必许以土田，恐异日大为中国之患，悔之无及。"敬瑭不从。表至契丹，契丹主大喜，白其母曰："儿比梦石郎遣使来，今果然，此天意也。"乃为复书，许俟仲秋倾国赴援。

【译文】

六月癸亥（初六），后唐末帝任用张令昭为右千牛卫将军，暂时管理天雄军府的事务。张令昭因为调动的人马没有会集，暂且接受了新的任命。过了一段时间后，又有诏书命令他调任齐州防御使，张令昭托词说士兵滞留，实际上是等待观察河东起兵的成败。后唐末帝派遣使者告谕他，张令昭把使者给杀死了。甲戌（十七日），末帝任命宣武节度使兼中书令范延光为天雄四面行营招讨使，主持魏博行府之事，任命张敬达充当太原四面招讨使，任用杨光远为副使。丙子（十九日），任命西京留守李周为天雄军四面行营副招讨使。

石敬瑭派使者从小路求救于契丹，让桑维翰草写表章向契丹主称臣，并且请求用对待父亲的礼节来对待他，约定事情成功之时，划割卢龙一道及雁门关以北诸州给契丹。刘知远劝谏他说："称臣就行了，用父亲的礼节对待他实在是太过分了。用丰厚的金银财宝贿赂他，自然足以促使他发兵，不必许诺割让他土田，那样恐怕以后要成为中国的大患，后悔莫及了。"石敬瑭没有接受他的意见。表章送到契丹，契丹国主耶律德光特别高兴，告诉他的母亲述律太后说："孩儿最近梦到石郎派来使者，现在真的来了，这简直就是天意啊。"便给石敬瑭写了回信，答应等到仲秋时节，发动全国人马来援助他。

【原文】

张敬达筑长围以攻晋阳。石敬瑭以刘知远为马步都指挥使，安重荣、张万迪降兵皆隶焉。知远用法无私，抚之如一，由是人无贰心。敬瑭亲乘城，坐卧矢石下，知远曰：

“观敬达辈高垒深堑，欲为持久之计，无他奇策，不足虑也。愿明公四出间使，经略外事。守城至易，知远独能办之。”敬瑭执知远手，抚其背而赏之。

唐主使端明殿学士吕琦至河东行营犒军，杨光远谓琦曰：“愿附奏陛下，幸宽宵旰。贼若无援，旦夕当平；若引契丹，当纵之令入，可一战破也。”帝甚悦。帝闻契丹许石敬瑭以仲秋赴援，屡督张敬达急攻晋阳，不能下。每有营构，多值风雨，长围复为水潦所坏，竟不能合。晋阳城中日窘，粮储浸乏。

【译文】

张敬达修筑了很长的包围工事来攻击晋阳。石敬瑭任用刘知远为马步都指挥使，令安重荣、张万迪的降兵都隶属于他。刘知远依法办事，没有私心，对军民抚恤一视同仁，因此人们都不存二心。石敬瑭亲自登城视察部属兵卒，坐卧在敌人的矢石投射之下。刘知远说：“察看张敬达这些人筑设高垒深沟，想作持久的打算，他们没有别的好办法，是不足为虑的。请您向各方派出使者，经办对外事务。守城的事很容易，我一个人就能独自应付。”石敬瑭拉着刘知远的手，抚拍他的肩膀赞赏他。

后唐主派出端明殿学士吕琦到河东行营犒劳军队，杨光远对吕琦说道：“请您附带奏告陛下，请主上稍微减少昼夜的操劳。贼兵如果没有援兵，用不了多少时日就可以打败他们；如果他勾结契丹来犯，我自当放他进来，一次战斗就可以击败他们。”末帝闻奏十分高兴。末帝听说契丹答应石敬瑭在仲秋时节发兵来支援他，多次督促张敬达紧急攻打晋阳，但不能攻克。营建构筑工事，总是赶上风雨天气，很长的包围工事又被水浸所破坏，竟然接合不拢。晋阳城中也日益窘迫，粮食储备因为雨水浸泡而缺乏。

【原文】

九月，契丹主将五万骑，号三十万，自扬武谷而南，旌旗不绝五十馀里。代州刺史张朗、忻州刺史丁审琦婴城自守，虏骑过城下，亦不诱胁。审琦，洺州人也。

辛丑，契丹主至晋阳，陈于汾北之虎北口。先遣人谓敬瑭曰：“吾欲今日即破贼可乎？”敬瑭遣人驰告曰：“南军甚厚，不可轻，请俟明日议战未晚也。”使者未至，契丹已与唐骑将高行周、符彦卿合战，敬瑭乃遣刘知远出兵助之。张敬达、杨光远、安审琦以步兵陈于城西北山下，契丹遣轻骑三千，不被甲，直犯其陈。唐兵见其羸，争逐之，至汾曲，契丹涉水而去。唐兵循岸而进，契丹伏兵自东北起，冲唐兵断而为二，步兵在北者多为契丹所杀，骑兵在南者引归晋安寨。契丹纵兵乘之，唐兵大败，步兵死者近万人，骑兵独全。敬达等收馀众保晋安，契丹亦引兵归虎北口。敬瑭得唐

降兵千馀人，刘知远劝敬瑭尽杀之。

【译文】

九月，契丹主耶律德光统领五万骑兵，号称三十万，从代州扬武谷向南进发，旌旗连续不断达五十多里。代州刺史张朗、忻州刺史丁审琦据城自守，敌人骑兵经过城下的时候，也不诱降挟胁他。丁审琦是洺州人。

辛丑（十五日），契丹主到达晋阳，把兵马布列在汾北的虎北口。先派人对石敬瑭说道："我打算今天攻打贼兵，可不可以呢？"石敬瑭赶紧派人告诉他们说："南军力量十分雄厚，不可以轻视，请等到明天讨论一下怎样开战也不迟。"使者还没有到达契丹军营，契丹兵已经同后唐骑将高行周、符彦卿打了起来，石敬瑭便派刘知远出兵援助他们。张敬达、杨光远、安审琦用步兵在城西北山下列阵，契丹派轻骑兵三千人，不披铠甲，直奔唐兵阵列。唐兵看到契丹兵势力薄弱，争相驱赶，到了汾水之曲，契丹兵涉水而去。唐兵沿着河岸向北进攻，契丹伏兵从东北涌起，冲击唐兵，把唐兵截成了两段，在北面的步兵大多被契丹军所杀死，在南面的骑兵撤退回到晋安营寨。契丹放开兵马乘乱攻击，唐兵大败，步兵死亡近万人，骑兵却得到了保全。张敬达等召集余众退保晋安，契丹也率兵返回虎北口。石敬瑭俘获后唐降兵一千多人，刘知远劝石敬瑭把他们都给杀死。

【原文】

是夕，敬瑭出北门，见契丹主。契丹主执敬瑭手，恨相见之晚。敬瑭问曰："皇帝远来，士马疲倦，遽与唐战而大胜，何也?"契丹主曰："始吾自北来，谓唐必断雁门诸路，伏兵险要，则吾不可得进矣。使人侦视，皆无之。吾是以长驱深入，知大事必济也。兵既相接，我气方锐，彼气方沮，若不乘此急击之，旷日持久，则胜负未可知矣。此吾所以亟战而胜，不可以劳逸常理论也。"敬瑭甚叹伏。

壬寅，敬瑭引兵会契丹围晋安寨，置营于晋安之南，长百馀里，厚五十里，多设铃索吠犬，人跬步不能过。敬达等士卒犹五万人，马万匹，四顾无所之。甲辰，敬达遣使告败于唐，自是声问不复通。唐王大惧，遣彰圣都指挥使符彦饶将洛阳步骑兵屯河阳，诏天雄节度使兼中书令范延光将魏州兵二万由青山趣榆次，卢龙节度使、东北面招讨使兼中书令北平王赵德钧将幽州兵出契丹军后，耀州防御使潘环纠合西路戍兵，由晋、绛两乳岭出慈、隰，共救晋安寨。契丹主移帐于柳林，游骑过石会关，不见唐兵。

【译文】

这天夜里，石敬瑭出北门，会见契丹主。契丹主握住石敬瑭的手，相见恨晚。石敬瑭问："皇帝这么远地赶过来，兵马疲惫，急促之间同唐兵作战却取得了胜利，这到底是什么原因呢?”契丹主说道：“开始我从北面过来，以为唐兵必然要切断雁门的各条通道，埋伏兵众在险要的地点，那样我就不能顺利前行了。我派人去侦察，发现断路和伏险都没有。这样，我才得以长驱直入，知道大事一定会成功。双方兵马相接后，我方气势正锐盛，彼方气势正颓丧，如果不乘此次机会急速攻击，旷日持久，谁胜谁负就很难预料了。这就是我速战而胜的原因，不能用谁劳谁逸的一般道理来衡量。”石敬瑭听了十分佩服。

壬寅（十六日），石敬瑭率领兵马会合契丹军包围了晋安寨，在晋安的南面设置了营地，长一百余里，宽五十里，密布带铃索的吠犬，人就连半步也过不去。此时张敬达的士兵还有五万人，马有万匹，四面张望，不知该去哪里。甲辰（十八日），张敬达派出使者向后唐朝廷报告打了败仗，以后便没有再通音讯了。唐主十分恐惧，派遣彰圣都指挥使符彦饶统领洛阳步兵、骑兵屯扎在河阳，下诏命令天雄节度使兼中书令范延光统领魏州兵两万从邢州青山奔赴榆次，卢龙节度使、东北面招讨使兼中书令北平王赵德钧统领幽州兵从契丹军阵之后出击，耀州防御使潘环纠合西路守戍的兵士从晋州、绛州间的两乳岭出兵向慈州、隰州共同营救晋安寨。契丹主把军帐移到柳林，流动的骑兵过了石会关，还没有遇到唐兵。

【原文】

丁未，唐主下诏亲征。雍王重美曰："陛下目疾未平，未可远涉风沙。臣虽童稚，愿代陛下北行。"帝意本不欲行，闻之，颇悦。张延朗、刘延皓及宣徽南院使刘延朗皆劝帝行，帝不得已，戊申，发洛阳，谓卢文纪曰："朕雅闻卿有相业，故排众议首用卿，今祸难如此，卿嘉谋皆安在乎？"文纪但拜谢，不能对。己酉，遣刘延朗监侍卫步军都指挥使符彦饶军赴潞州，为大军后援。诸军自凤翔推戴以来，骄悍不为用，彦饶恐其为乱，不敢束之以法。

【译文】

丁未（二十一日），后唐主下诏书，宣布亲自出征。雍王李重美说："陛下眼疾还没有好，不能长途跋涉到风沙之地。为臣虽然不够老练，但愿代陛下向北方征讨。"末帝本来就不想北行，听了这话，特别高兴。但是张延朗、刘延皓和宣徽南院使刘延朗却劝谏末帝亲征，末帝不得已，在戊申（二十二日）这一天，从洛阳出发，并对卢文纪说道："朕向来听说你有宰相的才能，所以排除众议首先任用你，现在国家遭到这样的灾祸，你的好策略都跑到哪里去了？"卢文纪只是叩头请罪，但拿不出什么对策来。己酉（二十三日），派遣刘延朗监督侍卫步军都指挥使符彦饶的部队开赴

潞州，为前线晋安寨的大军去做后援。诸路军队自从凤翔推戴李从珂即位以来，日益骄悍，不听指挥，符彦饶害怕他们作乱，不敢用法纪来管束他们。

【原文】

帝至河阳，心惮北行，召宰相、枢密使议进取方略，卢文纪希帝旨，言："国家根本，太半在河南。胡兵倏来忽往，不能久留。晋安大寨甚固，况已发三道兵救之。河阳天下津要，车驾宜留此镇抚南北。且遣近臣往督战，苟不能解围，进亦未晚。"张延朗欲因事令赵延寿得解枢务，因曰："文纪言是也。"帝访于馀人，无敢异言者。泽州刺史刘遂凝，鄩之子也，潜自通于石敬瑭，表称车驾不可逾太行。帝议近臣可使北行者，张延朗与翰林学士须昌和凝等皆曰："赵延寿父德钧以卢龙兵来赴难，宜遣延寿会之。"庚戌，遣枢密使、忠武节度使、随驾诸军都部署、兼侍中赵延寿将兵二万如潞州。辛亥，帝如怀州。以右神武统军康思立为北面行营马军都指挥使，帅扈从骑兵赴团柏谷。思立，晋阳胡人也。

帝以晋安为忧，问策于群臣，吏部侍郎永清龙敏请立李赞华为契丹主，令天雄、卢龙二镇分兵送之，自幽州趣西楼，朝廷露檄言之，契丹主必有内顾之忧，然后选募军中精锐以击之，此亦解围之一策也。帝深以为然，而执政恐其无成，议竟不决。帝忧沮形于神色，但日夕酣饮悲歌。群臣或劝其北行，则曰："卿勿言，石郎使我心胆堕地！

【译文】

末帝到了河阳，心里害怕前往北方，召集宰相、枢密使讨论进取的策略，卢文纪迎合末帝的意旨，说道："国家的根本，大半在黄河之南。契丹胡兵突来突走，不能久滞停留。晋安大寨很坚固，况且已经派出范延光、赵德钧、潘环三路兵马去援助。河阳是天下的津渡要路，主上的车驾应该停留在这里镇守，安抚南方和北方。可以暂且遣派近臣前去督战，如果不能解围，再向前进发也不迟。"张延朗想找个理由来使末帝解除赵延寿的枢要职务，便说道："文纪的意见确实很对。"末帝询访其余的人，无人敢讲别的意见。泽州刺史刘遂凝是刘鄩的儿子，暗中和石敬瑭有交往，上表言称道："车驾不可越过太行山。"于是，末帝便同他们商议近臣中可以派往北边的人。张延朗与翰林学士须昌人和凝等人都说："赵延寿的父亲赵德钧带着卢龙兵马来勤王赴难，应该派赵延寿去和他会合。"庚戌（二十四日），派遣枢密使、忠武节度使、随驾诸军都部署兼侍中赵延寿统兵两万人开赴潞州。辛亥（二十五日），末帝去怀州，任命右神武统军康思立为北面行营马军都指挥使，率领扈从骑兵开赴团柏谷。康思立是晋阳的胡人。

末帝忧虑晋安的军事形势，向群臣询问对策，吏部侍郎永清人龙敏建议立李赞华为契丹国主，命令天雄、卢龙二镇分兵送他归国，从幽州前往西楼，朝廷透露出檄文的内容，说出此事，契丹主必有内顾不安的忧患，然后选拔募集军中的精锐之兵去攻打他。这也是解围的一种策略。末帝认为这个建议特别好，而执政诸人担心不能取胜，最后竟然议而不诀。末帝的脸上表现出忧愁沮丧的神色，从早至晚都在酣饮悲歌。群臣中有人规劝他北行赴阵，他却说："你不要与我谈论此事，石敬瑭已经使我的心胆掉落在地上了！"

【原文】

契丹主谓石敬瑭曰："吾三千里赴难，必有成功。观汝器貌识量，真中原之主也。吾欲立汝为天子。"敬瑭辞让者数四，将吏复劝进，乃许之。契丹主作册书，命敬瑭为大晋皇帝，自解衣冠授之，筑坛于柳林。是日，即皇帝位。割幽、蓟、瀛、莫、涿、檀、顺、新、妫、儒、武、云、应襄、朔、蔚十六州以与契丹，仍许岁输帛三十万匹。己亥，制改长兴七年为天福元年，大赦；敕命法制，皆遵明宗之旧。以节度判官赵莹为翰林学士承旨、户部侍郎、知河东军府事，掌书记桑维翰为翰林学士、礼部侍郎、权知枢密使事，观察判官薛融为侍御史知杂事，节度推官白水窦贞固为

翰林学士，军城都巡检使刘知远为侍卫马军都指挥使，客将景延广为步军都指挥使。延广，陕州人也。立晋国长公主为皇后。

契丹主虽军柳林，其辎重老弱皆在虎北口，每日暝辄结束，以备仓猝遁逃。而赵德钧欲倚契丹取中国，至团柏逾月，按兵不战，去晋安才百里，声问不能相通。德钧累表为延寿求成德节度使，曰："臣今远征，幽州势孤，欲使延寿在镇州，左右便于应接。"唐主曰："延寿方击贼，何暇往镇州！俟贼平，当如所请。"德钧求之不已，唐主怒曰："赵氏父子坚欲得镇州，何意也？苟能却胡寇，虽欲代吾位，吾亦甘心，若玩寇邀君，但恐犬兔俱毙耳。"德钧闻之，不悦。

【译文】

契丹主对石敬瑭说道："我率兵从三千里以外来帮助你解决危难，一定会取得成功。我观察你的器宇容貌和见识气量，真像是一个中原的国主。我想助你做天子。"石敬瑭推辞逊让了许多次，使者又反复劝他进大位，于是便答应了。契丹主制作册封的文书，任命石敬瑭为大晋皇帝，在柳林搭筑坛台自己解下衣服冠冕亲自授给他。就在这一天，石敬瑭登上了皇位。他割让了幽、蓟、瀛、莫、涿、檀、顺、新、妫、儒、武、云、应、寰、朔、蔚十六个州给契丹，仍然答应每年运输帛三十万匹给他们。己亥（十一月十四日），后晋高祖皇帝石敬瑭下制令，改长兴七年为天福元年，实行大赦，敕命各种法制都遵守明宗的老规矩。任用节度判官赵莹为翰林学士承旨、户部侍郎、知河东军府事，掌书记桑维翰为翰林学士、礼部侍郎、权知枢密使事，观察判官薛融为侍御史知杂事，节度推官白水人窦贞固为翰林学士，军城都巡检使刘知远为侍卫马军都指挥使，客将景延广为步军都指挥使。景延广是陕州人。立晋国长公主为皇后。

契丹主虽然把军队屯扎在柳林，他们的辎重和老弱士兵都在虎北口，每当太阳西落的时候便结扎停当，以便于仓促之间逃遁。而赵德钧想要倚赖契丹夺取中国，到达团柏一个多月，按兵不动，距离晋安才百里，但不能互通消息。赵德钧多次上表为他的儿子赵延寿祈求委任为成德节度使，他说道："臣现在远征在外，幽州势力孤弱，想要让延寿镇守在镇州，向左向右都便于接应。"后唐末帝说道："延寿此时正与贼兵争斗，哪有空闲时间去往镇州呢！等待贼兵平定以后，可以按你所请求的来办理。"赵德钧没完没了地请求，后唐主愤怒地说道："赵氏父子坚持要得到镇州，到底是什么意思？如果能打退胡寇，即使要取代我的位置，我也会感到心甘情愿的，若是玩弄寇兵以胁迫君主，只怕要落得个犬兔不留的下场。"赵德钧听说了，特别不高兴。

【原文】

闰月，赵延寿献契丹主所赐诏及甲马弓剑，诈云德钧遣使致书于契丹主，为唐结好，说令引兵归国，其实别为密书，厚以金帛赂契丹主，云："若立已为帝，请即以见兵南平洛阳，与契丹为兄弟之国，仍许石氏常镇河东。"契丹主自以深入敌境，晋安未下，德钧兵尚强，范延光在其东，又恐山北诸州邀其归路，欲许德钧之请。

【译文】

闰十一月，赵延寿献出契丹主所赐的诏书以及铠甲、马匹、弓矢、刀剑，诈称赵德钧派遣的使者写信给契丹主，为后唐请求解和，劝说契丹引兵归国，暗中又另具秘密书信，用丰厚的金宝财帛贿赂契丹主，并说道："如果您立我为中国的皇帝，请求就用现有兵马向南平定洛阳，事成之后，我愿与契丹结为兄弟之国，仍然允许石敬瑭常镇河东。"契丹主自以为已深入敌境，晋安没有被攻克，赵德钧兵力还是很强，范延光在他的东面，又怕太行山以北诸州截断他的归路，便想答应赵德钧的请求。

【原文】

帝闻之，大惧，亟使桑维翰见契丹主，说之曰："大国举义兵以救孤危，一战而唐兵瓦解，退守一栅，食尽力穷。赵北平父子不忠不信，畏大国之强，且素蓄异志，按兵观变，非以死徇国之人，何足可畏？而信其诞妄之辞，贪豪末之利，弃垂成之功乎？且使晋得天下，将竭中国之财以奉大国，岂此小利之比乎！”契丹主曰：“尔见捕鼠者乎？不备之，犹或啮伤其手，况大敌乎！”对曰：“今大国已扼其喉，安能啮人乎！”契丹主曰：“吾非有渝前约也，但兵家权谋不得不尔。”对曰：“皇帝以信义救人之急，四海之人俱属耳目，奈何二三其命，使大义不终！臣窃为皇帝不取也。”跪于帐前，自旦至暮，涕泣争之。契丹主乃从之，指帐前石谓德钧使者曰：“我已许石郎，此石烂，可改矣。”

【译文】

后晋帝听说后，特别害怕，赶忙派桑维翰去见契丹主耶律德光，劝他说：“您发动义兵来救援孤危，一次战斗就导致唐兵瓦解，退守到一栅之后，只待它粮食用完，力量便会枯竭。赵德钧父子不忠于唐，不取信于契丹，只是畏惧大国之强盛，而且素怀诡意，按兵不动，以窥测局势的动向，并非是以死殉国的人，又有什么好害怕的呢？您怎么能因此而相信他的荒诞之词，贪取毫末小利，丢弃将要完成的功业呢？况且如果让晋国夺取天下，我们将竭尽中国之财以奉献给您，哪里是这些小利可以相比的呢！”契丹主说：

“你看到过捕捉老鼠的人吗？你不防备它，就可能被咬伤手，更何况是大敌呢！”桑维翰回答说道：“现在大国已经卡住了它的喉咙，它岂能再咬人啊！”契丹主说：“我不是要改变以前的约定，只是用兵的谋略不可以不这样。”桑维翰回答说道：“皇帝用信义救人的危难，四海之人的耳目都注意到了此事，怎么能忽而这样，忽而又那样，以致使大义不能贯彻始终，臣私下认为皇帝不能这样做啊！”于是，跪在帐前，从早到晚，哭泣流涕地争辩不休。契丹主便依从了他，指着帐前的石头对赵德钧的使者说：“我已许诺了石郎，除非这块石头烂掉了，我的决定才会改变。”

【原文】

晋安寨被围数月，高行周、符彦卿数引骑兵出战，众寡不敌，皆无功，刍粮俱竭，削梯淘粪以饲马，马相啖，尾鬣皆秃，死则将士分食之，援兵竟不至。张敬达性刚，时谓之“张生铁”。杨光远、安审琦，劝敬达降于契丹，敬达曰：“吾受明宗及今上厚恩，为元帅而败军，其罪已大，况降敌乎！今援兵旦暮至，且当俟之。必若力尽势穷，则诸军斩我首，携之出降，自求多福，未为晚也。”光远目审琦欲杀敬达，审琦未忍。高行周知光远欲图敬达，常引壮骑尾而卫之，敬达不知其故，谓人曰：“行周每踵余后，何意也？”行周乃不敢随之。诸将每旦集于招讨使营，甲子，高行周、符彦卿未至，光远乘其无备，斩敬达首，帅诸将上表降于契丹。契丹主素闻诸将名，皆慰劳，赐以裘帽，因戏之曰：“汝辈亦大恶汉，不用盐酪啖战马万匹！”光远等大惭。契丹主嘉张敬达之忠，命收葬而祭之，谓其下及晋诸将曰：“汝曹为人臣，当效敬达也。”时晋安寨马犹近五千，铠仗五万，契丹悉取以归其国，悉以唐之将卒授帝，语之曰：“勉事而主。”马军都指挥使康思立愤惋而死。

帝以晋安已降，遣使谕诸州。代州刺史张朗斩其使。吕琦奉唐主诏劳北军，至忻州，遇晋使，亦斩之，谓刺史丁审琦曰：“虏过城下而不顾，其心可见，还日必无全理，不若早帅兵民自五台奔镇州。”将行，审琦悔之，闭牙城不从。州兵欲攻之，琦曰：“家国如此，何为复相屠灭？”乃帅州兵趣镇州，审琦遂降契丹。

【译文】

晋安寨被围困了几个月，高行周、符彦卿屡次率领骑兵出战，由于寡不敌众，都未能取得成功。粮食和草料都用尽了，只好削木屑、淘马粪中的草筋来喂马，马饿急了互相啖咬，尾巴和颈鬃都秃了，死了就由将士分吃，援兵竟还是赶不到。张敬达性情刚硬，当时人叫他“张生铁”。杨光远、安审琦劝说张敬达向契丹投降，张敬达说道：“我受明宗和当今皇帝的恩德，当了元帅而打败仗，罪过已经很大了，哪敢向敌人投降呢！援兵早晚会来的，还是继续等待。如果一旦力尽势穷，那就请诸位斩了我的头，拿着去投降，以求保全自己，谋取更多的好处，那时也还不迟。”杨光远向安审琦使眼色要杀掉张敬达，安审琦不忍心下手。高行周知道杨光远要暗算张敬达，常常带领精壮骑兵尾随张敬达来保护他，张敬达不知此事，对别人说道：“行周常常跟在我的后面，到底是有什么用意呢?”高行周才不敢再跟随着他。诸将每天早晨会集在招讨使的营房中。甲子（初九），高行周、符彦卿还没有到来，杨光远乘着张敬达没有防备，斩了他的人头，率领诸将上表向契丹投降。契丹主耶律德光平素就听说诸将的名声，都加以慰劳，赐给他们皮帽，并且开玩笑说道：“你们各位是特别可恨的恶奴，用不着我准备加盐的乳酪来喂你们上万匹的战马了！”杨光远等感到十分羞惭。契丹主嘉许张敬达的忠义，命令收尸安葬，并进行祭奠，对他的下属及晋国诸将说：“你们做人臣的，应该仿效张敬达的品德啊！”当时晋安寨还有马近五千匹，铠甲兵仗五万，契丹全部取走送还回本国，而把后唐的将卒全部交给后晋高祖石敬瑭，并对大家说道：“勉力效忠你们的主上。”不久马军都指挥使康思立愤恨惋伤而死。

后晋高祖石敬瑭因为晋安已经投降，派使者谕告诸州。代州刺史张朗杀了来使。吕琦奉后唐主的诏书慰劳雁门关以北诸军，到了忻州，遇到晋国使者，也把使者给杀了。吕琦对忻州刺史丁审琦说："胡虏经过城下的时候都不曾回头看一眼，他们的心迹可以看得清楚。我们还朝之日一定无法保全自己，还不如早日率领军民从五台奔赴镇州。"待到要出发的时候，丁审琦又后悔了，关闭牙城不跟吕琦走。州兵要攻打他，吕琦说："国家到了这样的地步，为什么还要互相残杀呢？"便率领兵将奔向镇州，丁审琦遂向契丹投降。

【原文】

契丹主谓帝曰："桑维翰尽忠于汝，宜以为相。"丙寅，以赵莹为门下侍郎，桑维翰为中书侍郎，并同平章事，维翰仍权知枢密使事。以杨光远为侍卫马步军都指挥使，以刘知远为保义节度使、侍卫马步军都虞候。

帝与契丹主将引兵而南，欲留一子守河东，咨于契丹主。契丹主令帝尽出诸子，自择之。帝兄子重贵，父敬儒早卒，帝养以为子，貌类帝而短小，契丹主指之曰："此大目者可也。"乃以重贵为北京留守、太原尹、河东节度使。契丹以其将高谟翰为前锋，与降卒偕进。丁卯，至团柏，与唐兵战，赵德钧、赵延寿先遁，符彦饶、张彦琦、刘延朗、刘在明继之，士卒大溃，相腾践死者万计。

【译文】

契丹主对后晋高祖石敬瑭说道："桑维翰对你用尽忠心，应该让他做宰相。"丙寅（十一日），高祖任命赵莹为门下侍郎，桑维翰为中书侍郎，二人都兼领同平章事，桑维翰仍然暂时主持枢密使的事务。任命杨光远为侍卫马步军都指挥使，任命刘知远为保义节度使、侍卫马步军都虞候。

后晋高祖与契丹主将要领兵向南进军，高祖想留下他的一个儿子戍守河东，征求契丹主的建议。契丹主让后晋高祖把他的儿子都叫出来，由自己来选择。后晋高祖哥哥的儿子石重贵，其父石敬儒早亡，后晋高祖养育他做自己的儿子，他的相貌与后晋高祖十分相像，身材短小，契丹主指着他说道："这个眼睛大的可以。"因而任用石重贵为北京留守、太原尹、河东节度使。契丹用他的将领高谟翰做前锋，同降兵一起相偕而进。丁卯（十二日），到达团柏，与唐兵交战，赵德钧、赵延寿先逃跑，符彦饶、张彦琦、刘延朗、刘在明也跟着逃跑，部伍溃不成军，互相践踏而死的数以万计。

【原文】

己巳，延朗、在明至怀州，唐主始知帝即位，杨光远降。众议以"天雄军府尚完，契丹必惮山东，未敢南下，车驾宜幸魏州。"唐主以李崧素与范延光善，召崧谋之。薛文遇不知而继至，唐主怒，变色。崧蹑文遇足，文遇乃去。唐主曰："我见此物肉颤，适几欲抽佩刀刺之。"崧曰："文遇小人，浅谋误国，刺之益丑。"崧因劝唐主南还，唐主从之。

洛阳闻北军败，众心大震，居人四出，逃窜山谷。门者请禁之，河南尹雍王重美曰："国家多难，未能为百姓主，又禁其求生，徒增恶名耳，不若听其自便，事宁自还。"乃出令任从所适，众心差安。

【译文】

己巳（十四日），刘延朗、刘在明到了怀州，后唐末帝才知道石敬瑭已登了帝位，杨光远已经投降。众人议论说："天雄军府还完好，契丹必然惧怕崤山以东的军队，不敢南下，皇帝应当到魏州去巡幸。"后唐末帝认为李崧素来与天雄节度使范延光相友善，便召唤李崧来商议。薛文遇不知道此事也跟着进来了，后唐末帝发怒，变了脸色；李崧用脚踩薛文遇的脚，薛文遇这才退下去。后唐末帝说道："我看见这东西就发颤，刚才几乎要拔刀杀死他。"李崧说："薛文遇是个小人，出的主意浅薄误国，杀了他更显得丑恶。"李崧因而劝后唐末帝南还，后唐末帝听从了他的建议。

洛阳听说北方军队大败的消息，民众心里大受震动，居住在城中的百姓四面出走，逃窜到山谷。把守城门的军士禁止百姓出走，河南尹雍王李重美说："国家多难，我们不能当好百姓的主人，如今又禁止他们去求生，只能增加我们的恶名，不如听其自便，事情安定了他们自然就会回来的。”于是下令任凭他们自由出走，民心才稍微安宁了一些。

【原文】

壬申，唐主还至河阳，命诸将分守南、北城。张延朗请幸滑州，庶与魏博声势相接，唐主不能决。

赵德钧、赵延寿南奔潞州，唐败兵稍稍从之，其将时赛帅卢龙轻骑东还渔阳。帝先遣昭义节度使高行周还具食，至城下，见德钧父子在城上，行周曰：“仆与大王乡曲[1]，敢不忠告！城中无斗粟可守，不若速迎车驾。”甲戌，帝与契丹主至潞州，德钧父子迎谒于高河，契丹主慰谕之，父子拜帝于马首，进曰：“别后安否?”帝不顾，亦不与之言。契丹主谓德钧曰：“汝在幽州所置银鞍契丹直何在?”德钧指示之，契丹主命尽杀之于西郊，凡三千人。遂琐德钧、延寿，送归其国。

【注释】

①乡曲：家乡。

【译文】

壬申（十七日），后唐末帝回到河阳，命令诸将分守南城、北城。张延朗请求后唐末帝再去滑州，以便同魏博声势相连，后唐末帝没有做出决定。

赵德钧、赵延寿向南逃到潞州，后唐败兵只有一小部分跟随着他们，其将领时赛率领卢龙的轻骑兵向东回到渔阳。后晋高祖先派遣昭义节度使高行周回到潞州准备粮秣，到达城下，见到赵德钧父子在城上，高行周说道："我和您是同乡，岂能不向您进言忠告呢？城中没有一斗粟米可守，还不如赶快迎接晋帝车驾。"甲戌（十九日），后晋高祖与契丹主到达潞州，赵德钧父子在高河迎接并谒见，契丹主好言安慰着他们，赵氏父子在马前拜谒后晋高祖，又走近后晋高祖身边说："分别以后安好吗？"后晋高祖不看他们，也不同他们交谈。契丹主问赵德钧说："你在幽州所设置的银鞍契丹兵现在在哪里？"赵德钧指给他看，契丹主下令在西郊把这些人都给杀光了，共有三千人。然后，便拘拿了赵德钧、赵延寿，押送到契丹国。

【原文】

德钧见述律太后，悉以所赍宝货并籍其田宅献之，太后问曰："汝近者何为往太原？"德钧曰："奉唐主之命。"太后指天曰："汝从吾儿求为天子，何妄语邪！"又自指其心曰："此不可欺也。"又曰："吾儿将行，吾戒之云：'赵大王若引兵北向渝关，亟须引归，太原不可救也。'汝欲为天子，何不先击退吾儿，徐图亦未晚。汝为人臣，既负其主，不能击敌，又欲乘乱邀利，所为如此，何面目复求生乎？”德钧俯首不能对。又问：“器玩在此，田宅何在？”德钧曰：“在幽州。”太后曰：“幽州今属谁？”德钧曰：“属太后。”太后曰：“然则又何献焉？”德钧益惭。自是郁郁不多食，逾年而卒。张砺与延寿俱入契丹，契丹主复以为翰林学士。

【译文】

赵德钧谒见契丹主的母亲述律太后，把带来的全部宝货及所有田宅都贡献出来作为贡品，太后问：“你最近为什么去太原呢？”赵德钧说道：“是奉唐主之命。”太后指着天说：“你向我儿请求立你当天子，为什么说瞎话呢？”又指指自己的心说：“这里是不能欺骗的。”又说：“我儿将要出行时，我告诫他说：‘赵大王如果率领兵马向渝关北进的时候，就赶紧带领部众们回来，不必去营救他。’你想当天子，为什么不先把我儿击退，然后再慢慢谋取。你作为人臣，既辜负了自己的君主，不能攻击敌人，又想乘机谋求自己的利益，你做出这样的事情，还有什么脸面求生存呢？”赵德钧低着头无言以对。太后又问他说：“你所献的器物珍玩在这里，但你所献的田宅又在哪里呢？”赵德钧说：“在幽州。”太后说道：“幽州现在是属于谁的呢？”回答说道：“是属于太后的。”太后说：“那你还献什么呢？”赵德钧更

加感到羞惭，从此郁郁少食，一年后便死了。张砺与赵延寿一起进入契丹，契丹主仍然让他做翰林学士。

【原文】

帝将发上党，契丹主举酒属帝曰："余远来徇义，今大事已成，我若南向，河南之人必大惊骇，汝宜自引汉兵南下，人必不甚惧。我令太相温将五千骑卫送汝至河梁，欲与之渡河者多少随意。余且留此，俟汝音闻，有急则下山救汝；若洛阳既定，吾即北返矣。"与帝执手相泣，久之不能别，解白貂裘以衣帝，赠良马二十匹，战马千二百匹，曰："世世子孙勿相忘！"又曰："刘知远、赵莹、桑维翰皆创业功臣，无大故，勿弃也。"

【译文】

后晋高祖快要进军上党，契丹主举着酒杯对他说："我远道而来履行约定，现在大事已定，我如果再向南进军的话，黄河以南的人一定会引起大的惊骇，你应该自己统领士兵南下，人心一定不会太惊慌。我命令太相温带领五千骑兵保卫护送你到河阳桥，你想要多少人跟你渡河全部由你来决定。我暂时留在这里，等待你的消息，有紧急的情况，我就下山去援救你。如果你能使洛阳安定下来，我就返回北面。"于是与后晋高祖执手相泣，久久不能离去，脱下自己的白貂裘给后晋高祖穿上，又赠送了二十匹好马，一千二百匹战马，说道：“世世代代子孙不可忘。”又说：“刘知远、赵莹、桑维翰都是创业的功臣，没有大的过失，请不要抛弃他们。”

【原文】

初，张敬达既出师，唐主遣左金吾大将军历山高汉筠守晋州。敬达死，建雄节度副使田承肇帅众攻汉筠于府署，汉筠开门延承肇入，从容谓曰：“仆与公俱受朝寄，何相迫如此？”承肇曰：“欲奉公为节度使。”汉筠曰：“仆老矣，义不为乱首，死生惟公所处。”承肇目左右欲杀之，军士投刃于地曰：“高金吾累朝宿德，奈何害之？”承肇乃谢曰：“与公戏耳。”听汉筠归洛阳。帝遇诸涂，曰：“朕忧卿为乱兵所伤，今见卿甚喜。”

符彦饶、张彦琪至河阳，密言于唐主曰：“今胡兵大下，河水复浅，人心已离，此不可守。”己丑，唐主命河阳节度使苌从简与赵州刺史刘在明守河阳南城，遂断浮梁，归洛阳。遣宦者秦继旻、皇城使李彦绅杀昭信节度使李赞华于其第。

【译文】

当初，张敬达率师出征以后，后唐末帝派左金吾大将军历山人高汉筠戍守晋州。张敬达死后，建雄节度副使田承肇率领部众在府署攻击高汉筠，高汉筠打开府署大门延请田承肇进入，并从容地对田承肇说道：“我和您都是受朝廷的委任，为什么这样相互逼迫呢？”田承肇说道：“我们要拥戴您做节度使。”高汉筠说道：“我已经老了，道义上不允许我挑头作乱，或死或生都听由您来处置吧！”田承肇目示左右杀死他，军士们把武器投掷在地说：“高金吾是几朝有德望的人，你为什么要害死他呢？”田承肇这才向他谢罪说道：“只是和您开玩笑罢了。”任由高汉筠回到洛阳。后晋高祖在路途中遇到了他，说道：“朕担忧您为乱兵所伤，现在看到您，我十分高兴。”

符彦饶、张彦琪到达河阳，秘密地向后唐末帝说道：“现在胡兵大举南下，黄河水又变浅了，人心离散，这个地方不能固守。”己丑，后唐末帝命令河阳节度使苌从简与赵州刺史刘在明守卫河阳南城，然后把渡河浮桥毁掉，回到了洛阳。派遣宦官秦继旻、皇城使李彦绅将昭信节度使李赞华杀死在他自己的邸第。

【原文】

己卯，帝至河阳，苌从简迎降，舟楫已具。彰圣军执刘在明以降，帝释之，使复其所。

唐主命马军都指挥使宋审虔、步军都指挥使符彦饶、河阳节度使张彦琪、宣徽南院使刘延朗将千馀骑至白马阪行战地，有五十馀骑奔于北军。诸将谓审虔曰：“何地不可战，谁肯立于此？”乃还。庚辰，唐主又与四将议复向河阳，而将校皆已飞状迎帝。帝虑唐主西奔，遣契丹千骑扼渑池。

辛巳，唐主与曹太后、刘皇后、雍王重美及宋审虔等携传国宝登玄武楼自焚。皇后积薪欲烧宫室，重美谏曰：“新天子至，必不露居，他日重劳民力，死而遗怨，将安用之！”乃止。王淑妃谓太后曰：“事急矣，宜且避匿，以俟姑夫。”太后曰：“吾子孙妇女一朝至此，何忍独生？妹自勉之。”淑妃乃与许王从益匿于毬场，获免。

是日晚，帝入洛阳，止于旧第。唐兵皆解甲待罪，帝慰而释之。帝命刘知远部署京城，知远分汉军使还营，馆契丹于天宫寺，城中肃然，无敢犯令。士民避乱窜匿者，数日皆还复业。

【译文】

己卯（二十四日），后晋高祖抵达河阳，苌从简迎接投降，渡河船楫都已准备好了。彰圣军拘执了刘在明，也来投降，后晋高祖把他给放了，让他官复原职，并镇守原来的地方。

后唐末帝命令马军都指挥使宋审虔、步军都指挥使符彦饶、河阳节度使张彦琪、宣徽南院使刘延朗带领千余骑兵到达白马阪准备进行战斗的地方，有五十余名骑兵逃往到北方的后晋军队。诸将对宋审虔说：“哪个地方不能作战，谁还肯停留在这里呢?”便带兵回来了。庚辰（二十五日），后唐末帝又同宋、符、张、刘四将商讨再向河阳进攻，这时将校都已经驰送降书给后晋高祖了。后晋高祖担心后唐末帝向西逃奔，派遣一千契丹骑兵扼住渑池。

辛巳（二十六日），后唐末帝与曹太后、刘皇后、雍王李重美及宋审虔等携带着传国宝玺登上玄武楼自焚。刘皇后积聚薪柴想把宫室给烧毁，李重美规劝道：“新天子来了，必定不能露天居住，以后修建宫室还要劳费民力，我们死了以后，还要给民众遗留下怨恨，能有什么好处呢!”这才停止了焚烧宫室。王淑妃向曹太后说道：“事情已经十分危急了，应该暂且躲藏一下，等待姑夫来了以后再说。”曹太后说道：“我的儿子、孙子、媳妇、女儿一旦到了这样的地步，我怎么忍心独自一人生存呢？妹妹你就自便吧。”王淑妃便同许王李从益藏匿在球场里，最终免于一死。

这天夜里，后晋高祖石敬瑭进入洛阳，住在自己的旧府第里。后唐的士兵都解下铠甲等待问罪，后晋高祖前来慰问，并释放了他们。后晋高祖命令刘知远部署京城的治安，刘知远分派汉军让他们回到自己的营地，把契丹兵安置在天宫寺，城中秩序十分平静，没有人敢违抗他们的命令。士民避乱逃窜躲藏的人，没过几天就都回来恢复了旧业。

死战契丹（卷二百八十四◎后晋纪五）

【原文】

后晋齐王开运二年

壬子，张从恩、马全节、安审琦悉以行营兵数万，陈于相州安阳水之南。皇甫遇与濮州刺史慕容彦超将数千骑前觇契丹，至邺县，将渡漳水，遇契丹数万，遇等且战且却；至榆林店，契丹大至，二将谋曰："吾属今走，死无遗矣！"乃止，布陈，自午至未，力战百馀合，相杀伤甚众。遇马毙，因步战；其仆杜知敏以所乘马授之，遇乘马复战。久之，稍解；顾知敏已为契丹所擒，遇曰："知敏义士，不可弃也。"与彦超跃马入契丹陈，取知敏而还。俄而契丹继出新兵来战，二将曰："吾属势不可走，以死报国耳。"

【译文】

后晋齐王开运二年（乙巳，公元945年）

壬子（十五日），张从恩、马全节、安审琦将所有的行营兵数万在相州安阳水之南列阵。皇甫遇与濮州刺史慕容彦超率领数千骑兵往前方窥测契丹的情况，到了邺县，要渡过漳水时，遇上数万契丹士兵，皇甫遇等边战边退。到了榆林店以后，契丹大队人马赶到，皇甫遇与慕容彦超二将谋议说道："倘若我们现在退走，将会死尽无遗！"便停止了退却，布设军阵，从午时到未时，力战百余回合，双方伤亡都很大。皇甫遇的马战死，便舍马进行步战；他的仆人杜知敏把自己骑的马给了他，皇甫遇乘上马再一次进行作战。过了很长一段时间以后，危机才稍微缓解；他去寻找杜知敏，却发现杜知敏已经被契丹擒去，皇甫遇说道："杜知敏是个义士，不能舍弃他。"便与慕容彦超跃马杀入契丹军阵，夺取了杜知敏才回来。过了片刻，契丹又派出新兵来战。二位将领说道："我们这些人已经不能再后退了，只能以死报国。"

【原文】

日且暮，安阳诸将怪觇兵不还，安审琦曰："皇甫太师寂无音问，必为虏所困。"语未卒，有一骑白遇等为虏数万所围。审琦即引骑兵出，将救之。张从恩曰："此言未足信。

必若虏众猥至，尽吾军，恐未足以当之，公往何益？”审琦曰：“成败，天也。万一不济，当共受之。借使虏不南来，坐失皇甫太师，吾属何颜以见天子？”遂逾水而进。契丹望见尘起，即解去。遇等乃得还，与诸将俱归相州，军中皆服二将之勇。彦超本吐谷浑也，与刘知远同母。

【译文】

太阳快要落山了，拒守在安阳的诸将奇怪前去打探敌情的兵马没有回来。安审琦说道：“皇甫太师没有一点音信，一定是被北虏围困起来了。”话还没有讲完，有一人骑着马来报告，说皇甫遇等人被契丹兵数万人包围了起来。安审琦立即领骑兵出来，准备去援救。张从恩说：“这话并不值得让人相信。假如虏兵真的蜂拥而上，即使把我军全部派出去，恐怕也不足以迎战，您去了又有什么用处呢？”安审琦说道：“成功或者失败便是天意。万一无济于事，理当共同承担后果。假使胡虏不继续向南来犯，而把皇甫太师白白地给丢失掉了，我们这些人有何颜面去见天子呢？”于是他们渡过安阳水向北进军。契丹兵看到烟尘扬起，便马上解围逃跑。皇甫遇等人这才得以回来，与诸将一起返归相州，军中都叹息皇甫遇与慕容彦超二将的勇武。慕容彦超本来就是吐谷浑人，与刘知远同民族。

【原文】

契丹亦引军退，其众自相惊曰：“晋军悉至矣！”时契丹主在邯郸，闻之，即时北遁，不再宿，至鼓城。

是夕，张从恩等议曰：“契丹倾国而来，吾兵不多，城中粮不支一旬，万一奸人往告吾虚实，虏悉众围我，死无日矣。不若引军就黎阳仓，南倚大河以拒之，可以万全。”议未决，从恩引兵先发，诸军继之；扰乱失亡，复如发邢州之时。

从恩留步兵五百守安阳桥，夜四鼓，知相州事符彦伦谓将佐曰：“此夕纷纭，人无固志，五百弊卒，安能守桥！”即召入，乘城为备。至曙，望之，契丹数万骑已陈于安阳水北，彦伦命城上扬旌鼓噪约束，契丹不测。日加辰，赵延寿与契丹惕隐帅众逾水，环相州而南，诏右神武统军张彦泽将兵趣相州。延寿等至汤阴，闻之，甲寅，引还；马全节等拥大军在黎阳，不敢追。延寿悉陈甲骑于相州城下，若将攻城状，符彦伦曰：“此虏将走耳。”出甲卒五百，陈于城北以待之。契丹果引去。

【译文】

契丹也引兵退归，其兵众自相惊恐地说道：“晋军全部都过来了！”当时契丹主正在邯郸，听说后立刻向北遁走，不敢留宿，一直走到了鼓城。

当天晚上，张从恩等议论道：“契丹把全国人马都调了过来，我们的兵不多，城中粮食不够十天之用，万一有叛徒到契丹那里去报告我军的虚实，虏兵全部调过来把我们包围起来，过不了多长时间我们全都会死在这里。倒不如引兵靠近黎阳仓，南面依靠黄河来抵抗他，才可以得到万全。”讨论还没有决定，张从恩带着兵就先行出发，诸军也跟随着出发，一片狼藉，又乱得像从邢州出发时候的样子。

张从恩留下步兵五百人守护安阳桥，夜间四更的时候，主持相州事务的符彦伦对将佐说道：“今天晚上乱哄哄的，人们没有坚强的意志，五百个疲惫的兵卒怎能够守住桥梁呢！”便把人招进城里来，依靠城池作为防备，到天亮的时候一看，契丹数万骑兵已经列阵在安阳水之北，符彦伦命令城上摇动旌旗鼓噪，兵卒都遵守号令，契丹不能预测城中实情。到了辰时，赵延寿与契丹将领惕隐率领兵众渡水，环绕相州而向南前进，后晋朝廷诏令右神武统军张彦泽率兵赶往相州。赵延寿等到达汤阴后，得到了音信，甲寅（十七日），又引兵撤退；马全节等大军驻在黎阳，不敢去追杀。赵延寿把武装着的骑兵全部列阵于相州城下，好像要攻城的阵势，符彦伦说道：“这是胡虏将要退走了。”派出五百全副武装的士卒，在城北严阵以待。契丹兵果然退走了。

【原文】

戊午，契丹至泰州。己未，晋军南行，契丹踵之。晋军至阳城，庚申，契丹大至。晋军与战，逐北十馀里，契丹踰白沟而去。

壬戌，晋军结陈而南。胡骑四合如山，诸军力战拒之。是日，才行十馀里，人马饥乏。

【译文】

戊午（三月二十二日），契丹兵到达泰州。己未（二十三日），晋军向南撤退，契丹兵跟踪而来。晋军到达阳城，庚申（二十四日），契丹兵大举进攻。晋军与之作战，向北驱逐他们十多里，契丹跨过白沟而去。

壬戌（二十六日），晋军列阵向南行进，契丹兵从四面合围如同山岳一般，后晋诸军竭力抵抗。这一天，只行军十多里地，人马饥乏疲惫。

【原文】

癸亥，晋军至白团卫村，埋鹿角为行寨。契丹围之数重，奇兵出寨后断粮道。是夕，东北风大起，破屋折树；营中掘井，方及水辄崩，士卒取其泥，帛绞而饮之，人马俱渴。至曙，风尤甚。契丹主坐大奚车中，令其众曰："晋军止此耳，当尽擒之，然后南取大梁！"命铁鹞四面下马，拔鹿角而入，奋短兵以击晋军，又顺风纵火扬尘以助其势。

军士皆愤怒，大呼曰："都招讨使何不用兵？令士卒徒死！"诸将请出战，杜威曰："俟风稍缓，徐观可否。"马步都监李守贞曰："彼众我寡，风沙之内，莫测多少，惟力斗者胜，此风乃助我也；若俟风止，吾属无类矣。"即呼曰："诸军齐击贼！"又谓威曰："令公善守御，守贞以中军决死矣！"马军左厢都排陈使张彦泽召诸将问计，皆曰："虏得风势，宜俟风回与战。"彦泽亦以为然。诸将退，马军右厢副排陈使太原药元福独留，谓彦泽曰："今军中饥渴已甚，若俟风回，吾属已为虏矣。敌谓我不能逆风以战，宜出其不意急击之，此兵之诡道也。"马步左右厢都排陈使符彦卿曰："与其束首就擒，曷若以身徇国！"乃与彦泽、元福及左厢都排陈使皇甫遇引精骑出西门击之，诸将继至。契丹却数百步。彦卿等谓守贞曰："且曳队往来乎？直前奋击，以胜为度乎？"守贞曰："事势如此，安可回鞚？宜长驱取胜耳！"彦卿等跃马而去，风势益甚，昏晦如夜。彦卿等拥万馀骑横击契丹，呼声动天地，契丹大败而走，势如崩山。李守贞亦令步兵尽拔鹿角出斗，步骑俱进，逐北二十馀里。铁鹞既下马，苍皇不能复上，皆委弃马及铠仗蔽地。

【译文】

癸亥（二十七日），晋军抵达白团卫村，埋下鹿角柴障安营为行寨。契丹兵把他们给包围了好几层，并派奇兵绕到寨后断绝晋军的粮道。当天晚上，东北风大起，刮坏了房屋，摧折树木。晋营中掘井，刚出水便会崩坍，士兵只好取带水的泥，用布拧绞出水来饮用，人和马都很渴。到天亮的时候，风刮得特别厉害。契丹主坐在从奚地取材做的大车里面，对其兵士下令说道："晋军已经没有退路了，一定要把他们全部擒获，然后向南直逼大梁！"命令铁鹞军四面下马，拔除鹿角柴障进入营寨，用短兵器袭击晋军，又顺风纵火扬尘以助其声势。

晋军军士都感到十分愤怒，大喊道："都招讨使为什么不出兵呢？让士兵们白白送死！"诸将请求出战，杜威说道："等风势稍微转缓后再看是否可以出战。"马步都监李守贞说道："敌兵人多我军人少，风沙之内，看不清谁多谁少，只有勇猛作战才可以取胜，这个风正好帮我们的忙，如果等到风停下来，我们这些人就所剩无几了。"接着他大声呼叫："诸军齐向贼兵进击！"又对杜威说道："令公您擅长守卫，我李守贞用中路军与敌人决一死战！"马军左厢都排阵使张彦泽召集诸将问怎么办才好，都说道："胡虏现在正是顺风，应该等到风往回吹的时候再与他交战。"张彦泽

也是这样认为。诸将退出，马军右厢副排阵使太原人药元福独自一人留了下来，对张彦泽说道："现在军中饥渴至极，假如等到风转向，我们这些人已经成了俘虏。敌人认为我们不会逆风出来作战，应该出其不意抓紧时机去攻打他们，这是用兵的诡诈之道啊。"马步左右都排阵使符彦卿说道："与其束手就擒，还不如以身殉国!"便与张彦泽、药元福及左厢都排阵使皇甫遇带领精锐骑兵出西门进击契丹，诸将接着也跟上来。契丹兵退却了几百步。符彦卿等对李守贞说道："是拉着队伍往来游弋呢，还是一直向前进击，直到打胜了为止呢?"李守贞说道："事情已经到了这种地步，怎么能够调转马头呢?应该长驱直入取得胜利才肯罢休。"符彦卿等跃马前进，风势特别厉害，昏暗得如同黑夜一样。符彦卿等率领一万多骑兵横冲契丹军阵，呼喊声震动天地，契丹兵大败而走，势如山倒。李守贞命令步兵把鹿角都拔去，出阵作战，步兵和骑兵同时进发，把契丹兵向北驱逐二十多里。契丹的铁鹞军下马以后，仓皇之间来不及再上马，把马和铠甲兵仗丢弃得遍地都是。

【原文】

契丹散卒至阳城东南水上，稍复布列。杜威曰："贼已破胆，不宜更令成列!"遣精骑击之，皆渡水去。契丹主乘奚车走十馀里，追兵急，获一橐驼，乘之而走。诸将请急追之。杜威扬言曰："逢贼幸不死，更索衣囊邪？"李守贞曰："两日人马渴甚，今得水饮之，皆足重，难以追寇，不若全军而还。"乃退保定州。契丹主至幽州，散兵稍集；以军失利，杖其酋长各数百，唯赵延寿得免。

【译文】

契丹溃散的兵卒到了阳城东南的河岸上，稍微整顿恢复了阵列。杜威说道："贼兵已经破胆，不能再让他们布成阵列！"便派出精锐骑兵去追击他们，契丹兵都渡水逃去。契丹主乘坐奚车奔逃十多里，由于追兵紧急，捉获一匹骆驼，骑上它逃去。晋军诸将请求急速追赶他们，杜威扬言说："遇上敌人幸而没有死掉，难道还想进一步索求敌人的衣囊吗？"李守贞说道："两天来人和马都渴得厉害，如今喝上了水，饱足了，身子就会加重，很难奔跑，还不如保全军队还师。"便退守定州。契丹主抵达幽州，逃散的兵众稍见集聚。因为打仗没有胜利，把酋长们各打军杖数百，只有赵延寿得以免打。

后周太祖（卷二百九十◎后周纪一）

【原文】

后周太祖广顺元年

春，正月，丁卯，汉太后下诰，授监国符宝，即皇帝位。监国自皋门入宫，即位于崇元殿，制曰："朕周室之裔，虢叔之后，国号宜曰周。"改元，大赦。杨邠、史弘肇、王章等皆赠官，官为殓葬，仍访其子孙叙用之。凡仓场、库务掌纳官吏，无得收斗馀、称耗。旧所进羡馀物，悉罢之。犯窃盗及奸者，并依晋天福元年以前刑名，罪人非反逆，无得诛及亲族，籍没家赀。唐庄宗、明宗、晋高祖各置守陵十户，汉高祖陵职员、宫人，时月荐享及守陵户并如故。初，唐衰，多盗，不用律文，更定峻法，窃盗赃三匹者死。晋天福中，加至五匹。奸有夫妇人，无问强、和，男女并死。汉法，窃盗一钱以上皆死。又罪非反逆，往往族诛、籍没。故帝即位，首革其弊。

【译文】

后周太祖广顺元年（辛亥，公元951年）

春季，正月，丁卯（初五），后汉太后颁下诰令，授予监国郭威传国玺印，正式即皇帝位。郭威从皋门进入皇宫，在崇元殿即位，下制书说："朕是周代宗室的子孙，虢叔的后裔，国号应该叫周。"改年号，实行大赦。杨邠、史弘肇、王章等人都追赠官爵，官府将他们收殓安葬，并且寻访他们的子孙依次任用。所有粮食仓库、场院掌管交纳的官吏，不得收取额外的"斗余""称耗"。从前以赋税盈余名义进贡物品，全部取消。犯有盗窃罪和强奸罪的，一律按照后晋天福元年以前的刑法条文处理；罪人不犯谋反罪的，不得株连亲戚家族和登记没收家产。后唐庄宗、后唐明宗、后晋高祖安葬处分别设置守陵的人家十户，后汉高祖陵园的官吏、官人，一年四季供奉祭祀以及守陵户数一律照旧。当初，唐朝衰败，盗贼很多，便不用原来的刑律条文，另外制定严刑酷法，规定盗窃赃物够三匹绢帛的处死。后晋天福年间将处死标准加到五匹绢帛。奸淫有夫之妇，不论强奸、通奸，男女一律处死。后汉刑法规定，盗窃钱一文以上的都处死。罪行并不属于谋反的，往往满门抄斩、没收家产。所以后周太祖郭威一即位，首先革除这些弊端。

【原文】

北汉主谓李存瑰、张元徽曰："朕以高祖之业一朝坠地，今日位号，不得已而称之。顾我是何天子，汝曹是何节度使邪！"由是不建宗庙，祭祀如家人，宰相月俸止百缗，节度使止三十缗，自馀薄有资给而已，故其国中少廉吏。

帝谓王峻曰："朕起于寒微，备尝艰苦，遭时丧乱，一旦为帝王，岂敢厚自奉养以病[1]下民乎！"命峻疏四方贡献珍美食物，庚辰，下诏悉罢之。其诏略曰："所奉止于朕躬，所损被于甿庶。"又曰："积于有司之中，甚为无用之物。"又诏曰："朕生长军旅，不亲学问，未知治天下之道，文武官有益国利民之术，各具封事以闻，咸宜直书其事，勿事辞藻。"帝以苏逢吉之第赐王峻，峻曰："是逢吉所以族李崧也！"辞而不处。

帝悉出汉宫中宝玉器数十，碎之于庭，曰："凡为帝王，安用此物！闻汉隐帝日与嬖宠于禁中嬉戏，珍玩不离侧，兹事不远，宜以为鉴！"仍戒左右，自今珍华悦目之物，无得入宫。

【注释】

①病：损害。

【译文】

北汉主刘崇对李存瑰、张元徽说："朕只因为高祖的大业一朝断送，所以今日的帝位年号，是不得已才称的。但我算是个什么天子，你们又算是什么节度使啊！"因此不建立宗庙，祭祀祖宗如同普通百姓，宰相每月俸禄只有一百缗钱，节度使只有三十缗钱，其余官员也都只有微薄的供养而已，所以北汉国中很少有廉洁的官吏。

后周太祖对王峻说："朕出生在贫寒之家，饱尝艰辛困苦，遭遇时世沉沦动乱，如今一朝成为帝王，岂敢优厚自己的供养而让下面的百姓吃苦呢！"命令王峻清理四方贡献的珍美食物，庚辰（十八日），下诏令全部停止进贡。诏书大致说："所供养的只给朕一人，而受损害的却遍及黎民百姓。"又说："贡品贮存在官府之中，大多成为无用之物。"又下诏书说："朕生长在军队，没有亲自从师学习，不懂得治理天下的道理，文武官员有利国利民的办法，各自上书奏报让我知道，都应直陈其事，不要讲究辞藻。"后周太祖将苏逢吉的宅第赏赐给王峻，王峻说："这是苏逢吉诛灭李崧家族的起因啊！"推辞而不住。

后周太祖将后汉宫中数十件珠宝玉器全部清理出来，在厅堂上砸碎，说："所有当帝王的，哪里用得着这些东西！听说汉隐帝整日与亲信宠臣在宫禁中游戏玩耍，珍宝古玩不

离身边，此事不远，应该引以为戒。”并告诫左右的人，从今以后珍贵华丽、赏心悦目的物品，不得进入宫廷。

【原文】

诏加泰宁节度使慕容彦超中书令，遣翰林学士鱼崇谅诣兖州谕指。崇谅，即崇远也。彦超上表谢。三月，壬戌朔，诏报之曰："向以前朝失德，少主用谗，仓猝之间，召卿赴阙。卿即奔驰应命，信宿至京，救国难而不顾身，闻君召而不俟驾。以至天亡汉祚，兵散梁郊，降将败军，相继而至，卿即便回马首，径返龟阴。为主为时，有终有始。所谓危乱见忠臣之节，疾风知劲草之心。若使为臣者皆能如兹，则有国者谁不欲用？所言朕潜龙河朔之际，平难浚郊之时，缘不奉示喻之言，亦不得差人至行阙。且事主之道，何必如斯！若或二三于汉朝，又安肯忠信于周室！以此为惧，不亦过乎！卿但悉力推心，安民体国，事朕之节，如事故君，不惟黎庶获安，抑亦社稷是赖。但坚表率，未议替移。由衷之诚，言尽于此。"

【译文】

后周太祖下诏泰宁节度使慕容彦超升官中书令，派遣翰林学士鱼崇谅到兖州宣旨。鱼崇谅就是鱼崇远。慕容彦超进表书道谢。三月，壬戌朔（初一），诏书回复说："昔日因为前代汉朝丧失德政，年少君主听用谗言，危急关头，征召爱卿奔赴宫阙。爱卿立即飞奔疾驰接受命令，只过了两夜便赶到京城，这真是拯救国家危难而不顾自身，听到君主召唤而不等驾车。等到上天结束汉朝国运，军队在大梁郊外溃散，投降的将领、溃败的军队接踵而至，爱卿却立刻掉转马头，直接返回龟山之阴。对于国君，对于时势，做到有始有终。真所谓危乱关头才看见忠臣的节操，狂风时节才知道劲草的心志。倘若做臣子的都能够如此，那么国家的君主谁不想任用他呢？表中所说朕到黄河北岸回避退让的关头，在浚水郊外平定乱难的时候，因为没有接到告示，所以也没能派人到朕的行在。但臣子侍奉君主的道理，何必如此！如若对汉朝有三心二意，又怎么肯对周室忠信不二呢？由此产生恐惧，不也过分了吗？爱卿只管尽心竭力，安民利国，事奉朕的节操，如同事奉从前君主一样，不但黎民获得平安，而且也是国家的依赖。朕只想坚定爱卿的表率作用，从未议论过撤换。一片肺腑之言，就说到这里。”

【原文】

六月，辛亥，以枢密使、同平章事王峻为左仆射兼门下侍郎，枢密副使、兵部侍郎范质，户部侍郎、判三司李榖为中书侍郎，并同平章事，榖仍判三司。癸丑，范质参知枢密院事。丁巳，以宣徽北院使翟光邺兼枢密副使。

初，帝讨河中，已为人望所属。李穀时为转运使，帝数以微言动之，穀但以人臣尽节为对，帝以是贤之，即位，首用为相。时国家新造，四方多故，王峻夙夜尽心，知无不为，军旅之谋，多所裨益。范质明敏强记，谨守法度。李穀沉毅有器略，在帝前议论，辞气慷慨，善譬谕以开主意。

【译文】

六月，辛亥（二十一日），后周太祖任命枢密使、同平章事王峻为左仆射兼门下侍郎，枢密副使、兵部侍郎范质与户部侍郎、判三司李穀为中书侍郎，都为同平章事，而李穀仍保留原来的职务。癸丑（二十三日），范质参与主持枢密院事务。丁巳（二十七日），任命宣徽北院使翟光邺兼枢密副使。

当初，后周太祖征讨河中，已为众望所归。李穀当时任转运使，后周太祖多次用委婉言语打动他，李穀只用为人臣子应该尽守臣的本分作为回答，后周太祖因此认为他有贤德。即皇帝位后，便首先任用他为宰相。当时国家新建，四方多事，王峻日夜绞尽脑汁，知道的事没有不去做的，军事谋划，常出良策补益。范质精明敏锐，博闻强记，严守法律制度。李穀沉静坚毅，有才器胆略，在后周太祖面前议论朝政，言辞慷慨激昂，善于运用比喻来启发皇帝的思维。

【原文】

帝以北汉、契丹之兵犹在晋州，甲子，以王峻为行营都部署，将兵救之。诏诸军皆受峻节度，听以便宜从事，得自选择将吏。乙丑，峻行，帝自至城西饯之。

王峻留陕州旬日，帝以北汉攻晋州急，忧其不守，议自将由泽州路与峻会兵救之，且遣使谕峻。十二月，戊子朔，下诏以三日西征。使者至陕，峻因使者言于帝曰："晋州城坚，未易可拔，刘崇兵锋方锐，不可力争。所以驻兵，待其气衰耳，非臣怯也。陛下新即位，不宜轻动。若车驾出汜水，则慕容彦超引兵入汴，大事去矣！"帝闻之，自以手提耳曰："几败吾事！"庚寅，敕罢亲征。

【译文】

后周太祖因为北汉、契丹的军队仍在晋州，甲子（十一月初六），任命王峻为行营都部署，领兵援救晋州。颁诏令各路军队都接受王峻的调度指挥，授权王峻根据情况需要机断从事，可以自己选择任命将领官吏。乙丑（初七），王峻出征，后周太祖亲自到城西为他饯行。

王峻在陕州停留十日，后周太祖因北汉军队攻打晋州，情况紧急，担心晋州不能坚守，商议亲自统军从泽州路与王峻会师救援晋州，并且派遣使者告诉王峻。十二月，戊子朔

（初一），后周太祖下诏令于三日出发西征。使者到达陕州，王峻通过使者转告后周太祖说："晋州城池坚固，不易攻破；刘崇军队前锋正锐气十足，不可力争。臣之所以屯兵不进，只为等待他们士气低落罢了，不是臣下心虚胆怯。陛下新近即位，不宜轻举妄动。倘若陛下大驾从汜水出来，慕容彦超领兵进入汴京的话，大事就完了。"后周太祖听到这话，不觉自己用手拉耳朵说："差点坏了我的大事！"庚寅（初三），敕命取消原来定下的亲征计划。

【原文】

初，泰宁节度使兼中书令慕容彦超闻徐州平，疑惧愈甚，乃招纳亡命，畜聚薪粮，潜以书结北汉，吏获其书以闻。又遣人诈为商人求援于唐。帝遣通事舍人郑好谦就申慰谕，与之为誓。彦超益不自安，屡遣都押牙郑麟诣阙，伪输诚款，实觇机事。又献天平节度使高行周书，其言皆谤毁朝廷与彦超相结之意。帝笑曰："此彦超之诈也！"以书示行周，行周上表谢恩。既而彦超反迹益露。丙申，遣阁门使张凝将兵赴郓州巡检以备之。

庚子，王峻至绛州。乙巳，引兵趣晋州。晋州南有蒙阬，最为险要，峻忧北汉兵据之。是日，闻前锋已度蒙阬，喜曰："吾事济矣！"

【译文】

当初，泰宁节度使兼中书令慕容彦超听说徐州平定，疑虑恐惧愈发加重，便招纳亡命之徒，积聚粮草，暗中写书信勾结北汉，被官吏截获书信而奏报。慕容彦超又派人装作商人向南唐寻求援助。后周太祖派遣通事舍人郑好谦前去申明劝慰之意，与他立下誓约。慕容彦超更加不安，屡次派遣都押牙郑麟到朝廷，表面上假表忠心，实际上是刺探机密；又献上天平节度使高行周的书信，信中讲的都是诽谤朝廷与慕容彦超私相勾结的话。后周太祖笑道："这是慕容彦超的诡计啊！"将书信拿给高行周看，高行周上表感谢皇恩。不久慕容彦超谋反的迹象日益显露。丙申（初九），后周太祖派遣阁门使张凝领兵赶赴郓州巡行检查来防备他。

庚子（十三日），王峻到达绛州；乙巳（十八日），领兵奔赴晋州。晋州南面有个蒙阬，地势最为险要，王峻担心北汉军队占据它。当天，听说前锋部队已过蒙阬，王峻欣喜地说："我的大事成功了！"

【原文】

慕容彦超奏请入朝，帝知其诈，即许之。既而复称境内多盗，未敢离镇。

北汉主攻晋州，久不克。会大雪，民相聚保山寨，野无所掠，军乏食。契丹思归，闻王峻至蒙阬，烧营夜遁。峻入晋州，诸将请亟追之，峻犹豫未决。明日，乃遣行营马军都指挥使仇弘超、都排陈使药元福、左厢排陈使陈思让、康延沼将骑兵追之，及于霍邑，纵兵奋击，北汉兵坠崖谷死者甚众。霍邑道隘，延沼畏懦不急追，由是北汉兵得渡。药元福曰："刘崇悉发其众，挟胡骑而来，志吞晋、绛。今气衰力惫，狼狈而遁，不乘此翦扑，必为后患。"诸将不欲进，王峻复遣使止之，遂还。契丹比至晋阳，士马什丧三四。萧禹厥耻无功，钉大酋长一人于市，旬馀而斩之。北汉主始息意于进取。北汉土瘠民贫，内供军国，外奉契丹，赋繁役重，民不聊生，逃入周境者甚众。

【译文】

慕容彦超上表奏请进京入朝，后周太祖明知他有诈，但也立即答应了他。不久慕容彦超又说境内强盗太多，不敢离开镇所。

北汉主攻打晋州，久攻不下。碰上天下大雪，百姓互相聚集保守山寨，野外没有可抢掠的，军队缺乏食物。契丹军队想返回，听说王峻到达蒙阬，便焚烧营帐连夜逃跑。王峻进入晋州，众将请命立即追赶，王峻犹豫多时没有做决定。第二天，才派遣行营马军都指挥使仇弘超、都排阵使药元福、左厢排阵使陈思让、康延沼率领骑兵追击，赶到霍邑，放任士兵奋勇击杀，北汉士兵坠落山崖深谷摔死的非常多。霍邑道路狭窄，康延沼畏缩害怕，不敢紧追，因此北汉军队得以渡河。药元福说：“刘崇调动他的全部军队，挟持胡人骑兵一起前来，志在吞并晋州、绛州。如今对方士气衰落，疲惫不堪，狼狈逃窜，不乘此时歼灭，必定留为后患。”众将不想继续挺进，王峻又派人制止，于是返回。等到契丹军队到达晋阳，士卒马匹损失十分之三四。萧禹厥因无功败归感到耻辱，将一名大酋长钉在街市上，示众十几天以后才斩杀。北汉主开始打消南下进取的念头。北汉土地贫瘠、人民穷困，官府的费用内要供给军队，外要向契丹贡献钱财，赋税繁多，徭役沉重，民不聊生，逃入后周地界的百姓很多。

世宗归天（卷二百九十四◎后周纪五）

【原文】

后周世宗显德六年。

二月，丙子朔，命王朴如河阴按行河堤，立斗门于汴口。壬午，命侍卫都指挥使韩通、宣徽南院使吴廷祚，发徐、宿、宋、单等州丁夫数万浚汴水。甲申，命马军都指挥使韩令坤自大梁城东导汴水入于蔡水，以通陈、颍之漕，命步军都指挥使袁彦浚五丈渠东过曹、济、梁山泊，以通青、郓之漕，发畿内及滑、亳丁夫数千以供其役。

丁亥。开封府奏田税旧一十万二千馀顷，今按行得羡田四万二千馀顷，敕减三万八千顷。诸州行田使还，所奏羡田，减之仿此。

淮南饥，上命以米贷之。或曰：“民贫，恐不能偿。”上曰：“民吾子也，安有子倒悬而父不为之解哉！安在责其必偿也!”

【译文】

后周世宗显德六年（己未，公元959年）

二月，丙子朔（初一），后周世宗命令王朴前去河阴巡视黄河堤防，在汴水入河口建立放水闸门。壬午（初七），命令侍卫都指挥使韩通、宣徽南院使吴廷祚，征发徐州、宿州、宋州、单州等地壮丁民夫数万人疏通汴水。甲申（初九），命令马军都指挥使韩令坤从大梁城东面引汴水流入蔡水，来打通陈州、颍州的运粮水道，命令步军都指挥使袁彦疏通五丈渠，向东经过曹州、济州、梁山泊，以打通青州、郓州的运粮水道，征发京城所辖地区之内和滑州、亳州壮丁民夫数千人来建造这些工程。

丁亥（十二日），开封府奏报征取租税的田地原为十万二千多顷，如今核查得到多出的田地有四万二千多顷，后周世宗敕令减免租税三万八千顷。各州巡视苗田使者回来，所奏报多出的田地，减免租税的比例仿照开封府。

淮南闹饥荒，后周世宗命令把粮食借贷给百姓。有人说：“百姓贫穷，恐怕不能偿还。”世宗说：“百姓是我的子女，哪有子女倒悬在那里而父亲不为他解脱的道理呢？哪有说一定要求百姓偿还呢？”

【原文】

立皇子宗训为梁王，领左卫上将军；宗让为燕公，领左骁卫上将军。

上欲相枢密使魏仁浦，议者以仁浦不由科第，不可为相。上曰："自古用文武才略者为辅佐，岂尽由科第邪！"己丑，加王溥门下侍郎，与范质皆参知枢密院事。以仁浦为中书侍郎、同平章事，枢密使如故。仁浦虽处权要而能谦谨，上性严急，近职有忤旨者，仁浦多引罪归己以救之，所全活什七八。故虽起刀笔吏，致位宰相，时人不以为忝。又以宣徽南院使吴延祚为左骁卫上将军，充枢密使；加归德节度使、侍卫亲军都虞候韩通、镇宁节度使兼殿前都点检张永德并同平章事，仍以通充侍卫亲军副都指挥使，以太祖皇帝兼殿前都点检。

【译文】

后周世宗立皇子柴宗训为梁王，兼领左卫上将军；柴宗让为燕公，兼领左骁卫上将军。

后周世宗打算任用枢密使魏仁浦为宰相，参与商议的人认为魏仁浦没有科举及第，不应该担任宰相。世宗说："自古以来任用有文才武略的人作为辅佐，哪里全是从科举及第的呢？"己丑（六月十五日），王溥加官为门下侍郎，与范质都参与主持枢密院的事务。任命魏仁浦为中书侍郎、同平章事，枢密使之职照旧。魏仁浦虽然身处权力要津而能谦虚谨慎，世宗性格严厉急躁，周围官员有违反旨意的，魏仁浦大多将罪过归于自己来拯救他们，所保全救活的占十分之七八，所以虽然他出身于办理文书的小吏，官至宰相，但当时的人们并不认为是耻辱。又任命宣徽南院使吴延祚为左骁卫上将军，充任枢密使；归德节度使、侍卫亲军都虞候韩通和镇宁节度使兼殿前都点检张永德一同加官同平章事，并且任命韩通担任侍卫亲军副都指挥使一职；任命宋太祖兼任殿前都点检。

【原文】

上尝问大臣可为相者于兵部尚书张昭，昭荐李涛。上愕然曰："涛轻薄无大臣体，朕问相而卿首荐之，何也?"对曰："陛下所责者细行也，臣所举者大节也。昔晋高祖之世，张彦泽虐杀无辜，涛累疏请诛之，以为不杀必为国患；汉隐帝之世，涛亦上疏请解先帝兵权。夫国家安危未形而能见之，此真宰相器也，臣是以荐之。"上曰："卿言甚善且至公，然如涛者，终不可置之中书。"涛喜诙谐，不修边幅，与弟澣俱以文学著名，虽甚友爱，而多谑浪，无长幼体，上以是薄之。

上以翰林学士单父王著，幕府旧僚，屡欲相之，以其嗜酒

无检而罢。

癸巳，大渐，召范质等人受顾命。上曰：“王著藩邸故人，朕若不起，当相之。”质等出，相谓曰：“著终日游醉乡，岂堪为相！慎毋泄此言。”是日，上殂。

【译文】

世宗曾经问兵部尚书张昭，大臣中何人可为宰相，张昭举荐李涛。世宗惊愕地说：“李涛为人轻薄而没有大臣的风度，朕问宰相人选而爱卿首先荐举他，为什么?”张昭回答说：“陛下所指责的是小事，臣下所荐举的是他的大节。从前晋高祖之世，张彦泽滥杀无辜，李涛屡次上疏请求杀他，认为如果不杀他的话他一定会成为国家的祸患；到汉隐帝之世，李涛又上书请求解除先帝太祖的兵权。国家的安危还没有形成便能预见，这才是真宰相的人才，臣下因此荐举他。”世宗说：“爱卿之言很好而且极为公正，然而像李涛这样的人，终究无法安置在中书省。”李涛喜欢说笑逗乐，不拘小节，与弟弟李澣都以文章博学而著名，虽然互相很友爱，却常常调笑放浪，没有长幼的规矩，世宗因此轻视他。

世宗因为翰林学士单父人王著是从前幕府的僚属，多次想让他担任宰相，但又因他嗜好喝酒、行为不检点而作罢。

癸巳（十九日），世宗病情加剧恶化，召见范质等人入宫接受遗嘱。世宗说：“王著是我在藩镇府第的老人，朕若一病不起，应当起用他为宰相。”范质等人出宫，相互说：“王著终日醉生梦死，哪配当宰相！千万不要泄露这话。”当天，世宗去世。

【原文】

上在藩，多务韬晦，及即位，破高平之寇，人始服其英武。其御军，号令严明，人莫敢犯，攻城对敌，矢石落其左右，人皆失色而上略不动容。应机决策，出人意表。又勤于为治，百司簿籍，过目无所忘。发奸擿伏，聪察如神。闲暇则召儒者读前史，商榷大义。性不好丝竹珍玩之物。常言太祖养成王峻、王殷之恶，致君臣之分不终，故群臣有过则面质责之，服则赦之，有功则厚赏之。文武参用，各尽其能，人无不畏其明而怀其惠，故能破敌广地，所向无前。然用法太严，群臣职事小有不举，往往置之极刑，虽素有才干声名，无所开宥，寻亦悔之，末年浸宽。登遐之日，远迩哀慕焉。

甲午，宣遗诏，命梁王宗训即皇帝位，生七年矣。

【译文】

世宗在藩镇时，非常注重韬光养晦，待即皇位以后，在高平大破北汉入侵之敌，人们开始佩服他的英勇神武。他统率军队，纪律严明，没有人敢违反军规，攻打城池面对敌寇，飞石流矢落在身边，别人都惊慌失色，而世宗则面不改色、镇定自若。他应付机变、决定策略，常常出人意料。又勤勉治国，对各个部门的簿籍，过目不忘。发现奸人，粉碎隐患，明察秋毫，就好像天上的神仙一样。有空闲的时候便召见儒生文人诵读前代史书，商榷其中的主旨大义。生性不喜好乐器、珍宝一类的东西。经常说先帝太祖姑息惯养酿成王峻、王殷的大恶，致使君臣的情分有始无终，所以百官群臣有过失就当面对质斥责，服罪改过就赦免他，有功就重赏他。文武人才一齐任用，每人都发挥自己的才能，大家无不畏服他的严明而又怀念他的恩惠，所以能攻破敌国拓广本国领土，所到之地无人能敌，一往无前。然而使用刑法过于严厉，百官群臣奉职办事稍有做得不好的，往往就要被处以极刑，即使平素再有才有名望的人，也没有一点宽容的余地，不久自己也清醒了，最后几年逐渐放宽了一些刑法政策。去世之日，四方远近都哀悼仰慕他。

甲午（二十日），宣布遗诏，诏令梁王柴宗训即皇帝之位，当时柴宗训只有七岁。

《资治通鉴》中的历史故事

识人用人之术

中华文明五千年，历朝历代，英才辈出。如何发现并利用这些人才为己所用，成就霸业；如何驾驭约束这些人才，使其团结在自己身边，免于成为自己的对手，这是统治者施政要面对的严峻挑战。我国古代明君的识人用人之道，体现了传统文化的最高智慧，对今天的各级管理者也能提供借鉴。

魏文侯施仁政而独霸诸侯

魏文侯姓魏名斯，是战国时期魏国的创立者，于公元前445年至公元前403年在位，是一位励精图治、锐意进取、重视人才的政治家和改革家。魏文侯在位期间，魏国成为战国时期的霸主，一度称雄于中原。

在战国时期，魏文侯是一位很有名的君主。他拜卜子夏、田子方为师，每次经过名士段干木的家门口时，都要在车上俯首行礼。有一次，魏文侯与群臣饮酒，兴致正浓时，天下起了大雨，魏文侯突然下令备车前往郊外。左右侍臣问他："现在饮酒正在兴头上，外面又下着大雨，国君打算到哪里去呢?"魏文侯说："三天前我曾与管理猎场的官员约定今天要前去围猎，虽然眼前是宴乐美酒，外面大雨滂沱，但我也不能因此而不守约定。"说罢，他亲自驾车前往，告诉那位管理猎场的官员，今天因为下雨就不用准备围猎了。四方贤士听说后，前来归附的更多了。

有一次，韩国邀请魏国出兵，协助攻打赵国。魏文侯拒绝说："我与赵国是兄弟之邦，实不敢从命。"不久，赵国也来向魏国借兵讨伐韩国，魏文侯仍然用同样的理由拒绝了。后来两国得知魏文侯对自己的和睦态度，十分佩服，都前来朝拜。魏国于是开始成为魏、赵、韩三国之首，各诸侯国都不能与它相争。

魏文侯还能闻过则喜。魏文侯派大将乐羊攻打中山国，一举攻克，然后把中山国封给自己的儿子魏击。魏文侯问群臣："我这个君主怎么样?"大家异口同声地说："您是仁德的君主!"只有任座直言说："您得了中山国，不封给您的弟弟，却封给自己的儿子，这算什么仁德君主!"魏文侯勃然大怒，任座见势不妙，起身快步离开。接着，魏文侯又问翟璜，翟璜回答说："您是仁德君主。"魏文侯问："何以见得?"回答说："我听说国君仁德，臣子就敢直言。刚才任座的话很耿直，于是我知道您是仁德君主。”魏文侯立刻领悟，转怒为喜，立刻派翟璜去请任座回来，还亲自下殿去迎接，把他奉为上宾。又有一次，魏文侯与田子方一起饮酒，魏文侯侧耳说：“编钟的乐声好像有些不协调，左边偏高。”田子方闻言微微一笑，魏文侯十分诧异：“你笑什么？”田子方侃侃而谈：“臣听说，国君懂得任用乐官，不必懂得乐音。现在国君您精通乐音，我担心您会疏忽了任用官员的职责。”魏文侯点头说：“您说得太好了。”魏文侯的好学、礼贤、善纳良言是许多人尤其是国君很难做到的，这些美德使他成为当时有名的贤君。

魏文侯对李克说：“先生曾经说过：‘家贫思良妻，国乱思良相。’现在国相这个位置不是给魏成就是给翟璜，你认为这两人怎么样呢？”李克回答说：“下属不参与尊长的事，外人也不过问亲戚间的事。臣是朝外之人，不敢为君主参谋。”魏文侯说：“先生遇到事情请不要推辞。”李克说：“君主没有好好观察啊！要想知道一个人的品质能力，平时看他所亲近的，富贵时看他所交往的，有权时看他所举荐的，穷困时看他所不为的，贫贱时看他所不取的。看这五方面就可以决定了，怎么还需要我来判断呢？”魏文侯说：“先生请回府吧，国相的人选我已定了。”李克出来，看见了翟璜。翟璜说：“今天听说君主召见先生商

议国相的人选，结果是选谁呢？”李克说：“魏成。”翟璜愤怒的样子完全显露出来，说：“西河的守将吴起是我推荐的；君主为国内的邺县担忧，我推荐了西门豹；君主要讨伐中山，我推荐了乐羊；中山攻克后，找不到可以守卫的人，我推荐乐先生；君主的儿子没有老师，我推荐了屈侯鲋。这些都是有目共睹的，我什么地方输给了魏成呢？”李克说：“我之所以知道君主会任命魏成为国相的原因是，魏成的俸禄有千钟，十分之九用在了外面，只有十分之一是用在家里，所以在东方得到了卜子夏、田子方、段干木这三个人，君主都以他们为师；你所举荐的五个人，君主把他们作为自己的臣子。你不要再跟魏成比了。”翟璜羞愧地施礼说：“翟璜是个粗鄙的人，失礼了。我愿意从此做您的弟子。”

魏文侯是一个集儒家思想和法家思想于一身的较为复杂的历史人物。他讲求实事求是的精神，根据自己治理国家和当时社会发展的需要，对儒、法两家思想择善而从。他礼贤下士，知人善任，闻过则喜，所以能成为一代名君。

鸡鸣小技助孟尝

“战国四公子”是指战国时魏国的信陵君、赵国的平原君、齐国的孟尝君和楚国的春申君。他们挥金如土，养了上千门客。这些门客各有一技之长，尽其所能辅佐他们的主人。在孟尝君出使秦国被扣留时，孟尝君的一名食客装成狗钻入秦宫偷出白狐裘，献给秦王姬妾以向秦王说情，释放了孟尝君；孟尝君逃至函谷关时秦王又下令追捕，另一食客装鸡叫引众鸡齐鸣，骗开城门，孟尝君得以逃回齐国。

秦王听说孟尝君贤明，便派泾阳君到齐国当人质，邀请孟尝君来秦国。公元前299年，孟尝君带着一些门客，到了秦国都城咸阳。秦昭襄王亲自出宫迎接孟尝君，见孟尝君的门客前呼后拥，不由得更加仰慕。孟尝君向秦王献上一件纯白的狐狸皮袍作为见面礼，秦昭襄王知道这是用名贵的银狐皮做的，十分得意，在宫中美人面前夸耀了半天。然后，他把袍子脱下来交给太监，让他们收起来。秦昭襄王想选个吉日，拜孟尝君为丞相。大臣们担心秦王重用孟尝君，便私下商量怎样排挤他。他们纷纷对秦王说："孟尝君是齐国人，手下有才能的人又多。现在，他当了丞相，一定会替齐国打算的。要是他利用丞相的权力暗中对我国不利，我国不就危险了吗？"秦昭襄王说："你们说得也是。看来，还是把他送回齐国去吧。"大臣们说："他在我国已经住了不少日子，我国的情况他差不多全都知道了，哪能轻易放他回去呢？"秦昭襄王听了，深觉有理，就把孟尝君软禁了起来。

泾阳君为了形成自己的势力，在齐国时就跟孟尝君交上

了朋友。如今，听说秦王把孟尝君软禁了，忙替他想办法。泾阳君带了两对玉璧，送给秦王最宠爱的燕姬，请她帮忙。燕姬说："让我跟大王说句话倒可以，只是别的谢礼我都不要，我只要那件银狐皮袍子。"泾阳君把她的话告诉了孟尝君，孟尝君为难地说："我只有一件银狐皮袍，已经送给秦王了，哪还能要回来啊？"有个门客听了，对孟尝君说："这事不难，我有办法。"这个门客立刻去跟宫中管衣库的人聊天，先摸准了门路。当天晚上，这个门客从狗洞爬进宫中，到衣库去偷那件皮袍。他正在开门的时候，看库的人惊醒了，那个门客忙装狗叫，"汪汪汪"地叫了几声，看衣库的人便又放心地睡着了。门客进了衣库，打开箱子，拿出那件银狐皮袍，又从狗洞钻了出来。孟尝君将这件皮袍送给燕姬，燕姬十分高兴，她甜言蜜语地劝秦王把孟尝君放回去。秦王为其所动，便发下过关文书，让孟尝君回齐国去。孟尝君得到过关文书，带着门客急匆匆地往函谷关跑。他们到了函谷关，正是半夜时分。按照秦国的规定，每天早晨鸡叫头遍时才许开关放人，他们只好在关里等着天亮。孟尝君十分着急，怕秦王派人追上来。正当孟尝君一筹莫展时，有个门客捏着鼻子，学着公鸡叫了起来。他这一叫，有好几只公鸡都应和打鸣。紧跟着，关里的公鸡全都叫起来了。守关的人听见公鸡叫了，便打开城门，验过孟尝君的过关文书，就让孟尝君一行出关了。

孟尝君以“得士”闻名，而王安石却对孟尝君“得士”的美誉不以为然。他说：“孟尝君恃鸡鸣狗盗之雄耳，岂足以言‘得士’？”并且说：“鸡鸣狗盗之出其门，此士所以不至也。”其实，鸡鸣小技，确显其长，也能取长补短，为人所用。

赵高、李斯合谋，少子胡亥篡位

秦二世胡亥（在位时间公元前209年—公元前207年），也称二世皇帝，是秦始皇的第二十六子（最小的儿子）、太子扶苏的弟弟。始皇出巡死于沙丘，宦官赵高和丞相李斯篡改遗诏，立胡亥为帝，赐扶苏死。

公元前210年，始皇帝在沙丘去世。因为始皇帝很厌恶谈论“死”，因此，群臣中没有人敢提关于死的事。待到他病危时，才命中车府令、兼掌符玺事务的赵高写诏书给长子扶苏说：“速回咸阳参加丧事处理事宜，灵柩到咸阳后安葬。”诏书已封好，却搁置在赵高处，没有交给使者送出。因皇帝在都城以外病逝，丞相李斯唯恐各位皇子作乱及天下发生变故，于是就秘不发丧，将灵柩停放在能调节冷暖的凉车中，由始皇帝生前最宠信的宦官在车的右边陪乘。所到之地，上呈餐饭、百官奏报事务与过去一样，宦官即从车中接受并批复奏事，只有胡亥、赵高及受

宠幸的宦官五六个人知道内情。

当初，始皇帝倚重宠爱蒙氏兄弟，颇信任他们。蒙恬在外担任大将，蒙毅则在朝中参与商议国事，称为忠信大臣，即便是高级将领或丞相也没有敢与他们一争高低的。赵高一生下来就被阉割了，始皇帝听说他办事能力很强，且通晓刑法，便提拔他担任了中车府令，并让他教小儿子胡亥学习审理判决诉讼案，胡亥非常宠信他。赵高曾经犯下大罪，始皇帝派蒙毅惩治他。蒙毅认为赵高应被依法处死，但始皇帝因赵高办事灵活而赦免了他，并恢复了他的官职。官复原职的赵高对蒙氏怀恨在心，便劝说胡亥，让他诈称始皇帝遗诏命扶苏自杀，立胡亥为太子。胡亥同意了赵高的计策。赵高又说："这件事如果不与丞相合谋进行，恐怕不能成功。"随即，赵高会见丞相李斯，说："皇上赐给扶苏的诏书及符玺都在胡亥那里，订立太子之事只是您和我口中的一句话罢了。这件事该怎么办呢？"李斯说："怎么能够说这种亡国的话呀！此事不是我们这些为人臣子的人所应当议论的啊！"赵高道："您的才能、谋略、功勋、人缘以及所获得的扶苏的信任，这五点全部拿来与蒙恬相比，哪一点比得上他呢？"李斯回答："都比不上他。"赵高说："既然如此，那么只要扶苏即位，就必定任用蒙恬为丞相，恐怕您最终也不能怀揣通侯的印信返归故乡，这样的结局已经是显而易见的了！而胡亥仁慈忠

厚，是可以担当皇位的继承人。希望您慎重考虑一下！”李斯认为赵高说得有理，便与他共同谋划，诈称接到了始皇帝的遗诏，立胡亥为太子；他们又篡改始皇帝给扶苏的诏书，指斥他多年来不能开辟疆土、创立功业，却使士卒大量伤亡，并且数次上书，直言诽谤父皇，不断抱怨不能获准解除监军职务，返归咸阳当太子，而将军蒙恬不纠正扶苏的过失，并参与扶苏的图谋。因此令他们自杀，将兵权移交给副将王离。

扶苏接到诏书，哭泣着想要自杀。蒙恬说：“陛下在外地，并未确立谁是太子。他派我率领三十万军队镇守边陲，令您担任监军，这乃是天下的重任啊！现在仅仅一个使者前来传书，我们就自杀，又怎么能知道其中是否有诈呢？我们再奏请证实一下，然后去死也不晚呀！”使者见此，多次催促他们自行了断。扶苏对蒙恬说：“父亲赐儿子死，哪里还需要再请示查实呢？”随即自杀。蒙恬不从，使者便将他交给官吏治罪，囚禁在阳周。改置李斯的舍人担任护军，然后回报李斯、赵高。胡亥这时已听说扶苏死了，便想释放蒙恬。恰逢蒙毅代替始皇帝外出祈祷山川神灵求福后返回，赵高即对胡亥说：“始皇帝很早就想立你为太子了，可是蒙毅一直规劝他，认为不可如此。现在不如就把蒙毅杀掉算了！”胡亥于是下令逮捕了蒙毅，将他囚禁到代郡。皇室车队从井陉抵达九原。当时正值酷暑，装载始皇帝遗体的凉车散发出

恶臭，胡亥等便指示随从官员在车上装载鲍鱼，借鱼的臭味混淆腐尸的气味。从直道抵达咸阳后，赵高发布治丧的公告，太子胡亥继承了皇位。

君臣关系是中国古代最重要的政治关系之一。这种关系处理得妥善与否，常常关系到整个国家的安危兴亡。驭臣之术可以起到“润滑剂”的作用，调节君臣之间的关系，维系统治集团内部的团结；但也可以起到“催化剂”的作用，激化君臣之间的矛盾和对立，造成政局的动荡不安。秦始皇在世的时候，靠着他的雄才大略和铁腕统治，可以驾驭在赵高、李斯之上，使国家安然无恙。但是秦二世与秦始皇相比就大为逊色，难以驾驭权臣，终致身首异处。

用长弃短，陈平归汉

汉高祖刘邦之所以能打败项羽一统天下，除了有张良、萧何、韩信“汉初三杰”的辅佐外，还得力于在关键时刻屡出奇计的开国功臣陈平。陈平曾先后跟随过魏王和西楚霸王项羽，但因不受重用与信任而离开。后来陈平经魏无知引荐才投靠了刘邦，成为刘邦不可或缺的谋臣。

阳武人陈平家境贫寒，喜好读书。乡里祭祀土地神，陈平担当主持分配祭肉的人，将祭肉分得非常均匀，乡邻们称赞不已。陈平道：“如果我能够主持天下，也会像分配这祭肉一样公平合理!”

后来，诸侯国反叛，陈平在临济事奉魏王魏咎，任太仆。他曾向魏王献策，但是魏王不从。有的人就在魏王面前恶语中伤他，陈平于是逃离魏王。之后，陈平又投到项羽帐下，项羽赐给他卿一级的爵位。殷王司马卬反楚时，项羽即派陈平去攻打并降服了殷王。陈平领兵返回，项羽授任他都尉之职，赏赐给他黄金二十镒。过了不久，汉王攻占了殷地。项羽为此怒不可遏，准备杀掉那些参与平定殷地的将领和官吏。陈平很害怕，便把他所得的黄金和官印封裹好，派人送还给项羽，随即逃亡，渡过黄河，投奔了汉王。

陈平通过魏无知求见汉王，汉王于是召陈平进见，赐给他酒食，然后就打发他到客舍中去歇息。陈平说：“我是为要事来求见您的，所要说的不能够延迟过今日。”汉王即与他交谈，颇喜欢他的议论，便问道：“你在楚军中担任的是什么官职呀?”陈平说：“都尉。”刘邦当天就授陈平都尉之职，让他做自己的陪乘官，负责监督各部将领。将领们因不服气都喧哗鼓噪起来，说：“大王您得到一名楚军的逃兵才一天，还不了解他本领的高低，就与他同乘一辆车子，而且反倒让他来监督我们这些有资历的老将!”汉王听到这种种非议后，却更加宠爱陈平了。

周勃、灌婴等人对汉王说：“陈平虽然外表俊美，像

装饰帽子的秀玉，但腹中未必有真才实学。我们听说陈平在家时曾与他的嫂子私通，为魏王做事时因不能被接纳而逃走去投奔楚国，在楚国仍然得不到重用，就又逃奔来降汉。现在大王却如此器重他，授给他这么高的官职，命他来监督各部将领。我们听说陈平接受将领们的贿赂，金钱送得多的人就能得到礼遇，金钱送得少的人就会遭到冷落。如此看来，陈平是个反复无常的乱臣贼子，望大王明察！”汉王于是开始对陈平产生怀疑，随即召陈平来见，责问他说：“你侍奉魏王意不相投，去侍奉楚王而又匆忙离开，如今又来与我交往，守信义的人原本都是这样三心二意的吗?”陈平说：“我侍奉魏王，魏王不能采纳我的主张，所以我才离开他去侍奉项羽。项羽不能信任和使用人才，他所任用宠爱的人不是项姓本家，就是他妻子的兄弟，即便是有奇谋的人他也不重用。我听说汉王善于用人，因此才来归附。但我赤条条空手而来，不接受金钱就无法应付日常开销。倘若我的计策确有值得采纳的地方，便望大王您采用它；假如毫无价值，不能采用，那么金钱还都在这里，请让我封存好送到官府中，并请求辞去官职。”汉王于是向陈平道歉，并重重地赏赐他，升任他为护军中尉，监督全军所有的将领，众将领们便再也不敢对陈平说三道四了。

尺有所短，寸有所长。刘邦用人的秘诀之一就是舍其短而用其长，这从刘邦任用陈平的例子中即可发现。人无完人，任用人才的首要问题在于被用的人确有真才实学，并且又被需要的，然后再看他的毛病缺点是否致命，是否积习难改。比如，有吃喝嫖赌恶习的人，是绝不能用作政府官员的；有偷摸劣迹的人，绝不可用来看守财物；极端自私的人，绝不可用来从事慈善活动。刘邦用陈平，是为了出谋划策、领兵打仗。利用别人的才能为自己所用是最主要的准则，把握住这个准则去衡量被用的人，就好掌握了。

梁孝王受宠觊觎皇位

梁孝王刘武是文帝次子，与景帝为同母兄弟，很受窦太后的宠爱。文帝去世后景帝即位，起初尚未立太子，景帝甚至想传位给梁孝王。由于有着与景帝及太后的这层亲密关系，梁孝王日益骄横。随着权势的不断扩大，梁孝王引起了世人的瞩目，同时也为皇帝所忌惮，因此“僭越”的罪名也就落到了他的头上。

梁孝王因为与景帝是一母所生，与景帝关系最为亲密，又有平定吴、楚叛乱的大功，被赐予天子使用的旌旗，有成千上万的车辆马匹及随从，出入都要清道戒严。梁孝王宠信羊胜、公孙诡，任命公孙诡为中尉。羊胜和公孙诡有许多奇诡不正的计谋，想怂恿梁孝王争取成为汉景帝的继承人。当

太子被废的时候，窦太后也想让梁孝王为皇位继承人，并曾在宴饮的时候对景帝说："你出入乘坐大驾和安车，要让梁孝王在你身旁。"景帝跪坐在席上，挺直了身回答说："好。"喝完了酒，景帝就此征询大臣们的意见，大臣袁盎等人说："不可。过去宋宣公不传位给儿子而传位给弟弟，因此产生了祸乱，祸乱持续了五代人。小事不忍心，会伤害大义，所以《春秋》赞成大义为主宰。"因此，太后的意见被反对，她也就不再提让梁孝王继承帝位了。

后来，梁孝王又上书给景帝："希望赐给我能容得下车辆通过的地方，直达太后居住的长乐宫，我自己派梁国的士兵修筑一条甬道，以便朝见太后。"袁盎等大臣都建议不要批准梁孝王的请求。梁孝王因此怨恨袁盎和参与议论的大臣，就和羊胜、公孙诡商量，暗中派人刺杀了袁盎及其他参与议论的大臣十多人。景帝得知后，估计与梁孝王有关，就追查刺客，果然是梁孝王派来的。景帝派人去调查梁孝王一案，捕拿公孙诡、羊胜，梁孝王知道事情败露，便令羊胜和公孙诡自杀，把尸体交出。景帝从此就对梁孝王有了怨恨之心。梁孝王惶恐，去求皇后的哥哥帮自己求情，于是，皇后的哥哥找机会入宫向景帝进言，景帝的怒气才稍稍化解了一点儿。

这时，太后担心梁孝王的事情，不进饮食，日夜哭泣不止，景帝也很忧虑。正好田叔等人查办完梁孝王的事，返回长安，到达霸昌厩，田叔等将在梁国办案取得的证词全部烧毁，空着手来见景帝。景帝问："梁孝王有罪吗？"田叔回答说："犯死罪的事是有的。"景帝问："他的罪证在哪里？"田叔说："陛下不要过问梁孝王的罪证了。"景帝问："为什么？"田叔说："有了罪证，如果不杀梁孝王，就废弃了汉朝的法律；如果处死梁孝王，太后吃东西会没有滋味，觉也睡不好，这样就会给陛下带来忧愁。"景帝非常赞成他所说的话，让田叔等人谒见太后，并且说："梁孝王不知情，主持这件事的只有梁孝王的宠臣羊胜、公孙诡之流，这些人都已经按国法处死，梁孝王没有受到伤害。"太后听到这些话，立即起来吃饭，情绪也稳定了。

公元前 144 年，梁孝王上书想留在京师，景帝没同意，梁孝王回国后郁郁不乐。次年，梁孝王亡。窦太后得知，哭得很伤心，不思饮食，说："皇上果然杀了我儿。"景帝不知该怎么办，后与长公主商量，把梁分为五国，梁孝王的五个儿子全部封为王，五个女儿全都封给食邑，享有其封邑的赋税收人。然后奏报给太后，太后的情绪才有所好转。景帝还是很厚待这个亲弟弟。

刘长受娇宠，自取灭亡

当初，赵王张敖向高祖献上一位美人，美人得宠幸而怀孕。后来，赵相贯高谋杀高祖的计划败露，美人也受株连被囚禁于河内。美人的弟弟赵兼请辟阳侯审食其向吕后求情，吕后嫉妒美人，不肯为她说话。美人这时已经生子，感到愤恨，便自杀身亡。官吏将其所生之子送给高祖，高祖也有后悔之意，遂为婴儿取名刘长，令吕后收养，并葬其生母于真定。后来，高祖封刘长为淮南王。

淮南王刘长自幼丧母，一直亲附吕后，所以在孝惠帝和吕后临朝时，没有受到吕后的迫害，但他心中却常常怨恨辟阳侯审食其，认为审食其没有向吕后力争，才使他的生母含恨而死。及至文帝即位，淮南王刘长自认为与文帝最亲近，骄纵蛮横，屡违法纪。文帝经常从宽处置，不予追究。淮南王入朝，跟随文帝去苑囿打猎，与文帝同乘一车，经常称文帝为“大哥”。刘长有勇力，能举起大鼎。一次，他去见辟阳侯审食其时，用袖中所藏铁椎将他击倒，并令随从魏敬将他杀死。然后，刘长疾驰到皇宫门前，袒露上身，向文帝请罪。文帝感念他为母亲复仇之心，所以没有治他的罪。当时，薄太后及太子和大臣们都惧怕淮南王。因此，淮南王归国以后，更加骄横恣肆，出入称警跸，自称皇帝，上比于天子。袁盎进谏说：“诸侯过于骄傲，必生祸患。”文帝不听。

公元前174年，淮南王刘长自设法令，推行于封国境内，驱逐了汉朝廷所任命的官员，请求允许他自己任命国相和二千石官员。汉文帝再次同意了他的请求。刘长又擅自刑杀无罪的人，擅自给人封爵，最高到关内侯，多次给朝廷上书也都有不逊之语。文帝不忍亲自严厉地责备他，就让薄昭致书淮南王，委婉地规劝他，并征引周初管叔、蔡叔以及本朝代顷王刘仲、济北王刘兴居骄横不法，最终被废被杀之事，请淮南王引以为戒。淮南王刘长接到薄昭书信，很不高兴，指派大夫但、士伍开章等七十余人与棘蒲侯柴武的儿子柴奇合谋，准备用四十辆辇车在谷口发动叛乱。刘长还派出使者，去与闽越、匈奴联络，但事情很快便败露了。文帝派使臣召淮南王进京。淮南王刘长来到长安，丞相张苍、代行御史大夫职责的典客冯敬，及宗正、廷尉等大臣启奏：“刘长应被处以死刑。”文帝命令说：“赦免刘长的死罪，废去王号，把他遣送安置在蜀郡严道县的邛崃山邮亭。”与刘长通谋造反的人，都被处死。刘长被安置在密封的囚车中，文帝下令沿途所过各县依次传送。

袁盎进谏说：“皇上一直娇宠淮南王，不为他配设严厉的太傅和相，所以才发展到这般田地。淮南王秉性刚烈，我

担心他突然遭受风露生病而死于途中，陛下将有杀害弟弟的恶名，可如何是好？”文帝说：“我的本意只不过是让刘长受点困苦罢了，现在就派人召他回来。”使者未到，淮南王刘长果然愤恨绝食而死。囚车依次传送到雍县，雍县的县令打开了封闭的囚车，向朝廷报告了刘长的死讯。文帝哭得很伤心，对袁盎说：“我没听你的话，最终害死了淮南王！现在该怎么办？”袁盎说：“只有斩杀那些不开启封门送食物的官员以向天下谢罪才行。”文帝立即命令丞相、御史大夫逮捕拷问传送淮南王的沿途各县不开启封门送食物的官员，把他们全都处死，用列侯的礼仪把淮南王安葬在雍县，配置了三十户百姓专职看护其坟墓。

跋扈将军梁冀

梁冀是东汉时期的大将军，他的两个妹妹为顺帝、桓帝的皇后，他先后立了冲帝、质帝和桓帝，专断朝政近二十年。梁冀靠权术把持朝政，飞扬跋扈，可又为什么在其权力处于顶峰时突然重重摔下，以至于丢了性命？

公元 125 年，东汉第八个皇帝汉顺帝即位，但朝廷大权被外戚梁家掌握。梁皇后的父亲梁商、兄弟梁冀先后做了大将军。梁冀平素异常骄横，他胡作非为，公开勒索，全然不把皇帝放在眼里。汉顺帝去世的时候，继位的冲帝是个两岁

的娃娃，过了半年也死了。梁冀又在皇族中找了一个八岁的孩子继位，这就是汉质帝。质帝虽然年幼，但聪明机智，曾在一次早朝时，看着梁冀说："这是跋扈将军！"梁冀听到以后，对质帝深恶痛绝。公元146年，梁冀让质帝身边的侍从把毒药放在汤饼里，给质帝进上。质帝进食不久，药性发作，非常难受，派人急速传召太尉李固。李固进宫，走到质帝榻前，询问质帝得病的来由。质帝还能讲话，说："我吃过汤饼，现在觉得腹中堵闷，给我水喝，我还能活。"梁冀这时也站在旁边，阻止说："恐怕呕吐，不能喝水。"话还没有说完，质帝已经驾崩。李固伏到质帝的尸体上号啕大哭并弹劾侍候质帝的御医，梁冀担心会泄露下毒的事实，对李固非常痛恨。后来，梁冀寻机诬陷李固，将他囚禁。李固最后屈死狱中。

公元 150 年，梁太后下葬，汉桓帝给大将军梁冀增加一万封户，加上以前的合计三万户。封梁冀的妻子孙寿为襄城君，兼食阳翟县的租税，每年收入五千万钱，又特别赐予赤绂，地位同于长公主。

梁冀接受孙寿的建议，免除许多梁氏宗族子弟的官职，表面上是向外界显示谦让，实际上是为了推崇孙氏族人。孙氏宗族中冒名任侍中、卿、校尉、郡守、长吏的有十多人，全都贪婪、凶狠、荒淫。梁冀、孙寿分别派宾客调查记录各县富人，随意加个什么罪，下狱拷打审问，让他们出钱赎罪。家财不足的，因为出不起那么多钱，甚至被活活打死。

梁冀把持朝政将近二十年，权倾天下，桓帝只好拱手相让，什么事都不能亲自参与。对于梁冀专权，桓帝意欲铲除。公元159年，桓帝将单超、左悺叫进内室，对他们说："梁将军兄弟在朝廷专权，胁迫内外，三公、九卿以下，都得按着他们的旨意行事，现在，我想要诛杀他们，你们二位的意思如何？"单超等回答说："梁冀兄弟的确是国家的奸贼，早就应该诛杀，只是我们的力量太弱小，不知圣意如何罢了。"桓帝又说："确实如你们所说，那么请你们秘密谋划。"单超等回答说："谋划并不困难，只怕陛下心中狐疑不决。"桓帝说："奸臣威胁国家，应当定罪伏法，为什么狐疑不决呢！"于是，又把徐璜、具瑗叫来。桓帝和五个宦官共同定计，桓帝将单超的手臂咬破出血，作为盟誓。梁冀心中怀疑单超等人，于是派中黄门张恽到宫中住宿，防止单超等人有变。桓帝令人收捕张恽，罪名是"擅自入宫，欲图谋不轨"。桓帝来到前殿，召尚书们入殿，发动事变，派尚书令尹勋手持符节，率丞、郎以下官吏都手持武器守卫尚书官署，把全部符节送入宫中，派人把左右御厩的骑士、虎贲、羽林卫士、都候所属的剑戟士，共计一千余人，和司隶

校尉张彪一同包围梁冀的府第。派光禄勋持节，向梁冀收缴了他的大将军印信，将他改封为比景都乡侯。梁冀自知难逃此劫，遂和妻子孙寿双双自杀。梁氏、孙氏的全部宗族亲戚不论老少皆斩首示众。梁冀的故吏、宾客被罢官的有三百多人，一时朝中几乎空荡无人。梁氏倒台，老百姓欢欣雀跃。汉桓帝没收了梁冀家产，价值三十多亿，相当于当时全国一年租税的半数。被梁家占用作花园、兔苑的民田，仍旧给农民耕种。汉桓帝论功行赏，把单超等五个宦官都封为侯，称作“五侯”。从那时候起，东汉政权又从外戚手里转到宦官手里了。

东汉王朝从汉和帝起，即位的皇帝大多是小孩子，最小的是刚生下一百多天的婴孩。皇帝年幼，照例由太后临朝执政，太后又把政权交给她的娘家人，这样就形成了一个外戚专权的局面。到了皇帝长大，渐渐懂事，就不甘心长期当傀儡。而要想摆脱外戚的控制，就只好依靠宦官的力量，消灭外戚的势力，外戚的权力又转到宦官手里。无论是外戚也好，宦官也罢，都是豪强地主腐朽势力的代表。外戚和宦官两大集团互相争夺，轮流把持朝政，东汉的政治越来越腐败。

董卓入京为乱

董卓早年为汉将，在西部平定少数民族叛乱，后来又参加讨伐黄巾起义，数次兵败，却依然升为前将军，掌管重兵。董卓拥兵自重，驻兵于河东，不肯接受朝廷的征召而放弃兵权。后逢京都大乱，何进被杀，董卓趁机进京，控制了中央政权。之后，董卓废汉少帝，立汉献帝，关东诸侯联盟讨伐董卓，董卓放弃洛阳，移都长安。董卓生性残虐，当权后横征暴敛，激起了民愤，最后被王允和吕布谋杀。

公元 189 年，大将军何进被宦官杀死，他的部下攻入皇宫，诛杀宦官，中常侍张让等人被困宫中，无计可施，只好带着少帝刘辩、陈留王刘协等数十人步行出宫，没有公卿跟随，只有尚书卢植、河南中部掾闵贡。入夜到达黄河岸边，闵贡扶着少帝与陈留王刘协，在夜里徒步向南走，想回到宫中。走了几里地，得到百姓家一辆板车，大家一齐上车，到达洛舍歇息。之后，陈留王刘协和闵贡合骑一匹，从洛舍向南走，这时才逐渐有公卿赶来。董卓率军到显阳苑，远远望见起火，知道发生变故，便统军急速前进。天还没亮，董卓来到城西，听说少帝在北边，就与大臣们一齐到北芒阪下奉迎少帝。少帝见董卓突然率大军前来，吓得哭泣起来。大臣们对董卓说：“皇帝下诏，要军队后撤。”董卓说：“你们这些人身为国家大臣，不能辅佐王室，致使皇帝在外流亡，为什么要军队后撤！”董卓上前参见少帝，少帝说起话来语无伦次。于是，董卓又与陈留王刘协交谈问起事变经过，刘协一一回答，从始至终，毫无遗漏。董卓十分高兴，觉得刘协贤能，而且又是由董太后养大的，他认为自己与董太后同族，于是心里有了废黜少帝，改立刘协为皇帝的念头。

董卓到洛阳，手下只有步、骑兵三千人。由于担心兵力单薄，不能使远近慑服，于是，每隔四五天，他就派军队夜里悄悄出发到军营附近，第二天早上，再严整军容，大张旗鼓地返回，让人以为凉州又派来了援军，而洛阳城中没有人知道他的底细。不久，何进与何苗的部下都投靠董卓，董卓又暗中指使丁原部下的司马、五原人吕布杀死丁原而吞并了他的部队，从此，董卓兵力大增。接着，他暗示朝廷，以雨久下不止为理由，让皇帝颁诏罢免司空刘弘的职务，由自己接任。

董卓对袁绍说：“天下的君主，应由贤明的人来担任，每每想到灵帝，便令人愤恨！陈留王似乎更好，现在我打算拥立他。”袁绍说：“汉朝统治天下近四百年，恩德深厚，万民拥戴。如今皇上年龄尚幼，没有什么过失，您想废嫡立庶，恐怕众人不会赞同您的提议！”董卓手按剑柄，呵斥袁绍说：“你胆敢这样放肆！天下大事，难道不由我决定！我要想这样做，谁敢不服从？你以为我董卓的刀不锋利吗？”袁绍也勃然大怒，说：“天下的英雄豪杰，难道只有你董公一个人！”袁绍把佩刀横过来，向众人作了一个揖，径直而出。董卓因新到洛阳，见袁绍是累代高官的大家，所以没敢害他。袁绍把司隶校尉的符节悬挂在东门，离开洛阳逃奔冀州。

随后，董卓召集文武百官，蛮横地说：“皇帝没有能力，不可以奉承宗庙、做统治天下的君主。如今，我想依照伊尹、霍光的前例，改立陈留王为皇帝，你们觉得怎样？”公卿及以下官员都十分惶恐，没有人敢回答。董卓又高声说：“从前，霍光定下废立的大计后，田延年手握剑柄，准备诛杀反对的人。现在有谁胆敢反对这项计划，都以军法处置！”在座的人无不震骇，只有尚书卢植反对。董卓大怒，离座而去。他准备杀卢植，蔡邕等人为卢植求情，董卓这才作罢，只是免去卢植的官职。于是，卢植逃到上谷郡隐居起来。

董卓派人把废立皇帝的计划送给太傅袁隗看，袁隗回报同意。于是，董卓在崇德前殿召集百官，威胁何太后下诏废黜少帝刘辩。袁隗把少帝刘辩身上佩带的玺绶解下来，进奉给陈留王刘协。然后扶弘农王刘辩下殿，向坐在北面的刘协称臣。何太后哽咽流涕，群臣心中无不悲愤，但没有一个人敢说话。接着，董卓迁何太后到永安宫。这一天又下令大赦，改年号“昭宁”为“永汉”。不久，董卓又用酒毒死了何太后。

失街亭孔明斩马谡

马谡是马良之弟，素有才名，得到诸葛亮的赏识。刘备临终前叮嘱诸葛亮，马谡“言过其实，不可大用”，但诸葛亮并未听取。北伐时期，诸葛亮力排众议，任命马谡为先锋，结果蜀军在街亭惨败于魏将张郃之手，诸葛亮退军汉中，马谡被军法处死，终年三十九岁。

公元 228 年春，诸葛亮欲伐魏，与群臣商议这次军事行动。丞相司马魏延说：“听说夏侯楙是魏帝的女婿，此人胆怯而没有智谋。现请给我五千人的精锐部队，带着五千人口粮，直接从褒中出发，沿着秦岭向东，到子午道后折向北方，不日便可抵达长安。夏侯楙听到我突然来到，一定弃城逃走，长安城中就只有御史、京兆太守了。横门粮仓的存粮以及百姓逃散剩下的粮食，足以供给军粮。等到魏国在东方集结起军队，还要二十多天时间，而您从斜谷出来接应，也完全可以到达。这样，就可以一举而平定咸阳以西的地区了。”诸葛亮认为这是危而不妥的计策，不如安全地从平坦的路上出去，可以稳稳当当地取得陇右地区，有百分之百的

把握取胜而不会有失，所以不用魏延之计。

诸葛亮扬言从斜谷取郿城，命令镇东将军赵云、扬武将军邓芝充当疑兵，据守箕谷，魏明帝派遣曹真都督关右地区各军驻扎在郿城。诸葛亮亲自统率大军进攻祁山，军阵整齐，号令严明。起初，魏国认为蜀汉昭烈帝刘备已经去世，几年来没有什么动静，因此放松了防备，此时突然听到诸葛亮出兵，朝廷和民众都很惧怕。于是，天水、南安、安定等郡都背叛魏而响应诸葛亮，关中如雷轰顶，受到震动。明帝派遣步兵和骑兵五万大军，命右将军张郃监管军务，向西抵御诸葛亮。诸葛亮不用旧将魏延、吴懿等为先锋，而是让马谡统领各军在前，同张郃在街亭交战。

马谡违背诸葛亮的指挥调度，军事行动杂乱无章，放弃水源上山驻扎，不在山下据守城邑。张郃断绝马谡取水的道路，发动进攻并大败马谡，蜀军溃散。诸葛亮前进没有据点，就收取西县一千多人家回到汉中。不久，即以军法处死马谡。在马谡的葬礼上，诸葛亮亲自吊丧，为他痛哭流涕，安抚他的子女，如同平素一样恩待他们。蒋琬对诸葛亮说："古时候晋国同楚国交战，楚国杀了领兵的重臣，晋文公喜形于色。现在天下没有平定，而杀了智谋之士，难道不惋惜吗?"诸葛亮流着眼泪说："孙武能够制敌而取胜于天下的原因，是用法严明；晋悼公的弟弟杨干犯法，魏绛就杀了为

他驾车的人。现在天下分裂，交战刚刚开始，如果又废弃军法，怎么能够讨伐敌人呢？”

当初，马谡安营扎寨时，副将王平一再规劝马谡，马谡不采纳；等到失败时，马谡部众四散而逃，只有王平率领的一千人擂响战鼓，把守营地，张郃怀疑有伏兵不敢往前逼近，于是王平缓缓地收拢各部散余的士兵，率领人马返回。诸葛亮既杀了马谡和将军李盛，还收回了将军黄袭等的兵权，王平的名声地位就显示出来，便提拔他为参军，最后升迁到讨寇将军，封为亭侯。诸葛亮上书请求自己贬降三级，汉后主任命诸葛亮为右将军，兼理丞相的职务。

诸葛亮挥泪斩马谡，的确是历史上贯彻执行“赏罚分明”政策的典范。嘉奖容易罚人难，尤其以自己所爱的人、亲人或难得之人才为对象而“忍痛割爱”、断然论处，进而毅然执行，这更是难中之难事。

司马氏专权弑帝

魏国在三国中是最强大的，但到魏主曹芳当政时，司马氏实际上已经操纵了大权。司马师带剑入殿，一切政事都由他决断，根本不把曹芳放在眼里。司马师死了以后，司马昭做了大将军。司马氏父子三人，一个比一个专横。那么，对于司马氏的专权，魏帝是怎么处理的呢？

公元254年秋，司马昭领兵入京进见魏帝曹芳，魏帝到平乐观检阅他的军队。左右亲信劝魏帝借司马昭觐见辞行的机会杀掉他，再带领军队击退大将军司马师。需要的诏书都已写好放在面前，魏帝却突然害怕了，不敢实施这一计划。后来司马昭领兵入城，大将军司马师就阴谋废掉魏帝。他假传皇太后的命令召集群臣商议，以魏帝荒淫无度，宠幸亲近歌舞艺人为由，认为他不能再承担帝王的重任。群臣都不敢反对。于是，司马师上奏要没收魏帝的玉玺，将其贬为齐王。又让郭芝入宫告诉太后。太后正在与魏帝对坐闲谈，郭芝就对魏帝说："大将军想要废掉陛下！"魏帝站起来就走了，太后很不高兴。郭芝说："太后有儿子却不能教育，现在大将军主意已定，又领兵在外以防备非常事变，只能顺着他的旨意，还有什么可说的！"太后说："我要见大将军，对他有话说。"郭芝说："有什么可见的！现在只应该快点取来玉玺！"太后无奈，就让身边的侍从取来玉玺放在座位旁。数日之后，司马师召集群臣，决定到元城迎立高贵乡公曹髦。曹髦是东海定王曹霖之子，当时年仅十四岁。十月初五，曹髦进入洛阳，在太极前殿即皇帝位。

公元260年，魏帝见自己的权力威势日渐削弱，不胜愤恨。五月初七，曹髦召见侍中王沈、尚书王经、散

骑常侍王业，对他们说："司马昭的野心，连路上的行人都知道。我不能坐等被废黜的耻辱，今日我将亲自与你们一起出去讨伐他。"王经说："古时鲁昭公因不能忍受季氏的专权，讨伐失败而出走，丢掉了国家，被天下人所耻笑。如今权柄掌握在司马昭之手已经很久了，朝廷内以及四方之臣都为他效命而不顾逆顺之理也不是一天了。而且宫中宿卫空缺，兵力十分弱小，陛下凭借什么？而您一旦这样做，不是想要除去疾病却反而使疾病更厉害了吗？祸患恐怕难以预测，应该重新加以详细研究。"魏帝这时就从怀中拿出黄绢诏书扔在地上说："我已经决定这样做了！纵使死了又有什么可怕的，何况不一定会死呢！"说完就进内宫禀告太后。魏帝随即拔剑登辇，率领殿中宿卫和奴仆们呼喊着出了宫。司马昭的弟弟在东止车门遇到魏帝，魏帝左右之人怒声呵斥他们，兵士被吓得逃走了。中护军贾充从外而入，迎面与魏帝战于南面宫阙之下，魏帝亲自用剑拼杀。众人想要退却，骑督成倅之弟太子舍人成济问贾充说："事情紧急了，你说怎么办？"贾充说："司马公养你们这些人，正是为了今日。今日之事，没什么可问的！"于是，成济抽出长戈上前刺杀魏帝，把他杀死于车下。司马昭闻讯大惊，自己跪倒在地上。太傅司马孚奔跑过去，痛哭道："陛下被杀，是我的罪过啊！"

司马昭进入殿中，召集群臣议论。尚书左仆射陈泰不

应，但家人都逼着陈泰去，他这才不得已而入宫。见到司马昭，陈泰悲恸欲绝，司马昭也对着他流泪，说："玄伯，你将怎样对待我呢？"陈泰说："只有杀掉贾充，才能稍稍谢罪于天下。"司马昭考虑了很久才说："你再想想其他办法。"陈泰说："我能说的只有这些，不知其他。"司马昭就不再说话了。后来太后下令，列举高贵乡公的罪状，把他废为庶人，以百姓的丧礼安葬。另外从曹操的后代中找了一个十五岁的曹奂接替皇位，这就是魏元帝。

司马氏身为人臣，权倾天下，威逼魏主，发生交战，结果以司马氏篡国、魏主身亡失国为结局。这段历史告诉世人，在矛盾双方力量悬殊时，较弱的一方一定不要轻举妄动，而应灵活应变，等待和创造时机，审势以后动。

王敦阴谋夺位

公元 318 年，琅琊王司马睿在王导、王敦兄弟的支持和拥护下，建立东晋政权。王敦也因此升任大将军、荆州牧。后来，由于晋元帝司马睿抑制王氏势力，王敦打算起兵反抗朝廷。东晋明帝刚刚继位三个多月，一直体虚多病的王敦也有日暮途穷之感，便加紧了篡位的步伐。

公元 323 年，王敦阴谋篡夺皇位，暗示朝廷征召自己。晋明帝司马绍亲手写诏书征召他。初夏，明帝加授王敦黄钺和班剑，允许他奏事可以不通报姓名，入朝可以不趋行，还可以佩剑着履上殿。王敦迁移驻镇姑孰，屯兵于芜湖。让司空王导任司徒，王敦自任扬州牧。王敦想叛逆篡位，王彬极力苦谏。王敦发怒变脸，用目光示意左右侍从，欲逮捕王彬。王彬正气凛然地说："您过去杀害兄长，现在又要杀害兄弟吗？"王敦这才罢手，让王彬出任豫章太守。

王敦的侄子王允之正当童年，王敦因他聪明机警，异常宠爱，经常让他跟随自己。有一次王敦在夜晚饮酒，王允之以醉酒为由告辞先睡，王敦便和钱凤一起商讨叛乱之事，被王允之原原本本听到。王允之随即在睡卧的地方大吐，衣物、脸上都沾上了污秽。钱凤走后，王敦果然持灯前来察看，见王允之睡卧在呕吐的污物中，便不再有疑心。不久，适逢王允之的父亲王舒升任廷尉，王允之请求归省父亲，随后便将王敦、钱凤密谋的内容全部告诉了王舒。王舒与王导一同禀报皇帝，私下为应付突变做准备。

王敦让钱凤和冠军将军邓岳、前将军周抚等人率领军队向京师进发。王敦之兄王含对王敦说："这本是我们王家的事，我应当亲自前往。"王敦于是任命王含为元帅。钱凤等人问他说："事成之日，天子该怎么处置？"王敦说："还没有去南郊祭天，怎么能称天子？出动你们的全部兵力，保护东海王和裴妃就是了。"于是，王敦以诛杀奸臣温峤等人为理由，向司马绍上书。

七月初，王含等人率领水军、步兵共五万人，到达江宁秦淮河南岸，京城的人都惶恐不安。温峤把部队转移到河北岸驻扎，烧掉朱雀桥来挫伤敌方的锐气，使王含等人无法渡河。司马绍本想亲自率领军队出击，听说桥已经被烧断，勃然大怒。温峤说："现在宿卫的士兵人少体弱，征召的援军还没到，如果让敌人冲进来，就会危及朝廷，恐怕连祖先的宗庙都保不住，何必吝惜一座桥呢？"

司马绍统领各军出城屯驻南皇堂。当夜，司马绍招募勇士，派将军段秀、中军司马曹浑等率领甲士千人渡秦淮河，攻其不备。清晨，在越城与敌交战，大胜，斩杀其前锋将领何康。王敦听说王含战败，勃然大怒说："我这个兄长只是个老奴婢，门户衰落，大事完了！"回头对参军吕宝说："我要尽力起行。"随即用力起来，却因气力困乏，只好又躺下。于是，对自己的舅父、少府羊鉴和王应说："我死后王应立即即帝位，先设立朝廷百官，然后再安排丧事。"王敦不久即死，王应隐瞒死讯，只用席子包裹尸身，外面涂蜡，埋在议事厅中，然后日夜纵酒淫乐。

王敦死后，叛军如同一盘散沙，很快就被打败了。王含、王应父子投奔荆州的王舒。王舒带着军队前来迎接，把他们二人沉入长江淹死。钱凤逃到阖庐洲，被先前投奔王敦的浔阳太守周光斩杀。